AF282105

Word básico 365

Sergio Cuesta Mares

ic editorial

Word básico 365
© Sergio Cuesta Mares

1ª Edición

© IC Editorial, 2026

Editado por: IC Editorial
c/ Cueva de Viera, 2, Local 3
Centro Negocios CADI
29200 Antequera (Málaga)
Teléfono: 952 70 60 04
Fax: 952 84 55 03
Correo electrónico: iceditorial@iceditorial.com
Internet: www.iceditorial.com

ISBN: 979-13-7027-113-8
Depósito Legal: MA 31-2026

Impresión: PODiPrint
Impreso en Andalucía – España

Nota de la editorial: IC Editorial pertenece a Innovación y Cualificación S. L.

Índice

Unidad de aprendizaje 5
Gestión de documentos

Unidad de aprendizaje 6
Tablas e imágenes

OBJETIVOS GENERALES

Los objetivos generales del título **Word básico 365,** son los siguientes:

- ➲ Conocer el entorno de trabajo y la interfaz de la aplicación.
- ➲ Manejar las diferentes vistas y las herramientas básicas que proporciona Word para la creación/edición y modificación de documentos, crear plantillas.
- ➲ Editar texto con distintos estilos, párrafos, fuentes, numeración, sangrías, etc.
- ➲ Realizar tareas habituales con documentos: usar plantillas, imprimir, convertir formatos, etc.
- ➲ Buscar y reemplazar contenido.
- ➲ Hacer revisiones ortográficas en distintos idiomas.
- ➲ Trabajar con Control de cambios en documentos.
- ➲ Diseñar páginas, cambiar márgenes, editar en varias columnas.
- ➲ Insertar encabezados y pies de página.
- ➲ Trabajar con citas bibliográficas.
- ➲ Insertar y trabajar con objetos como imágenes, formas y tablas.

Conocimiento y manejo del procesador de textos Word

Contenido

Objetivos

Los objetivos generales de esta Unidad de Aprendizaje son:

→ Conocer el entorno de trabajo y la interfaz de la aplicación.

→ Manejar las diferentes vistas y las herramientas básicas que proporciona Word para la creación/edición y modificación de documentos; crear plantillas.

Los objetivos específicos de esta Unidad de Aprendizaje son:

→ Ejecutar las funciones básicas del procesador de textos.

→ Crear y guardar archivos.

→ Abrir archivos.

→ Conocer los distintos tipos de guardado de archivos.

1. Introducción

Word es un procesador de texto desarrollado por *Microsoft* que permite crear, editar, dar formato y compartir documentos de manera profesional. Es ampliamente utilizado para redactar textos como cartas, informes, currículums y trabajos académicos, y ofrece herramientas como corrección ortográfica, inserción de imágenes, tablas y gráficos, así como opciones de diseño y colaboración en línea.

En esta unidad aprenderás a utilizar las funciones básicas del procesador de textos Word, como guardar y abrir archivos o crear archivos nuevos, y examinaremos los distintos tipos de guardado de archivos.

Para adentrarnos en todos estos conceptos seguiremos el ejemplo de David, un joven estudiante de posgrado que está recopilando datos para hacer su tesis. David utilizará las distintas herramientas para elaborar un documento en el entorno académico.

2. ¿Qué es un archivo de Word y para qué sirve?

☞ **HILO CONDUCTOR**

David pasa gran cantidad de su tiempo recopilando documentación para la elaboración de su tesis, por lo que necesita un procesador de texto para crear y editar toda la información. Veremos cómo, para empezar su tesis, lo primero que hace es crear un documento en blanco.

- -

Una hoja de **Word** (documento de Word) sirve principalmente para **crear, editar y dar formato a documentos de texto.** Es una herramienta ampliamente utilizada tanto en entornos académicos como profesionales. Aquí te detallo sus usos principales:

⊃ **Redacción de textos.** Cartas, informes, ensayos, currículums, artículos, actas, etc.
⊃ **Aplicación de formato.** Cambiar tipo y tamaño de letra, colores, interlineado, márgenes, alineación, etc., para que el documento se vea profesional.

- **Inserción de elementos.** Puedes agregar imágenes, tablas, gráficos, ecuaciones, encabezados/pies de página, números de página, entre otros.
- **Corrección de errores.** Word incluye corrector ortográfico y gramatical, sugerencias de estilo y sinónimos.
- **Diseño y maquetación.** Permite trabajar con estilos, columnas, secciones y plantillas predefinidas.
- **Colaboración.** Puedes revisar documentos, agregar comentarios y trabajar en equipo, incluso en línea si usas Word *Online* o lo integras con *OneDrive*.
- **Conversión y compatibilidad.** Puedes guardar el documento en diferentes formatos (.pdf, .docx, .txt, etc.) y compartirlo fácilmente.

Los ejemplos comunes de uso pueden ser los siguientes:

- Un estudiante escribe un trabajo escolar.
- Un abogado redacta un contrato.
- Una empresa crea un manual interno.
- Un escritor desarrolla un libro o artículo.

2.1. Crear archivos nuevos

Una vez abierto el programa de Word, te aparecerá una pantalla con una hoja en blanco. En esta hoja ya podrías editar tus textos. Sin embargo, vamos a ver cómo crear una página en blanco desde cero.

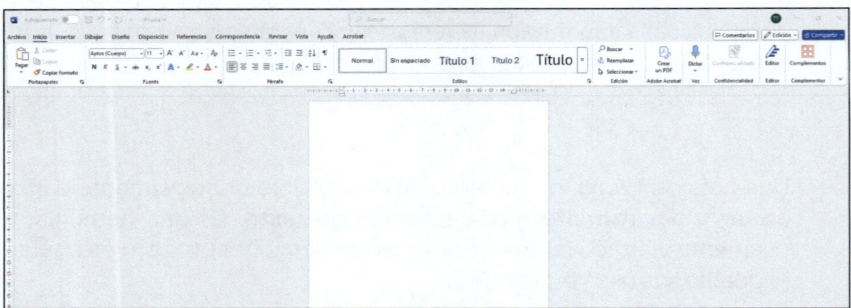

Hoja en blanco de Word

Para crear una página en blanco, y así empezar un nuevo proyecto, tenemos que situarnos en la parte de arriba a la derecha, donde aparece, en el menú superior, la opción **Archivo.**

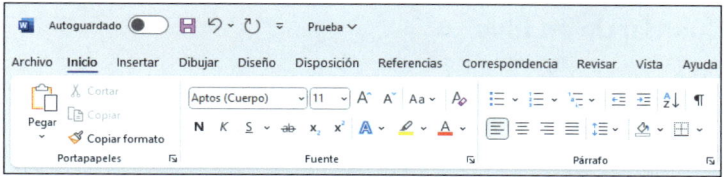

Interfaz de Word, con un menú superior y un submenú.

Tienes que clicar en él y se abrirá un desplegable que contiene distintas opciones; entre ellas está la de crear un nuevo documento. Para ello, debes de clicar donde pone **Nuevo** y, después, clicar en **Documento en blanco.** Se abrirá una nueva hoja en blanco de Word. Aquí también tienes la opción de usar una plantilla ya prediseñada; están justo después de **Documento en blanco.**

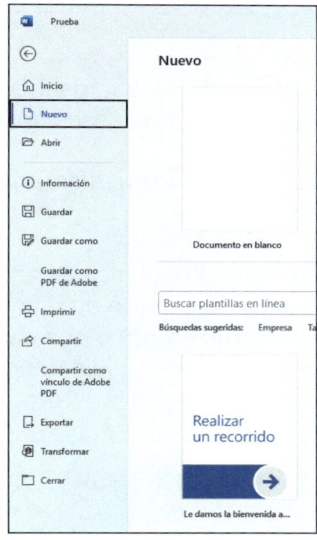

Menú Archivo, para crear un nuevo documento.

Ahora que ya tenemos creado un nuevo archivo de Word, ya podemos empezar a escribir nuestro texto, ya sea un informe, una carta personal o nuestros apuntes universitarios. Sin embargo, antes de nada, para no perder la información que vayamos escribiendo, vamos a guardar el archivo en una carpeta dentro de nuestro ordenador.

2.2. Guardar un archivo

Para guardar un archivo debemos de situarnos en **Archivos.** Una vez se despliegue el menú de la izquierda, seleccionamos:

- **Guardar.** Se guardará el archivo con toda la información y con el nombre de origen. En este caso, no podemos cambiar el nombre del archivo y tampoco podemos seleccionar el lugar donde se guarda. Se suele utilizar para ir guardando los cambios que se van realizando en nuestro documento. Para ello, también existe un icono de disquete (rosa) en la página principal.

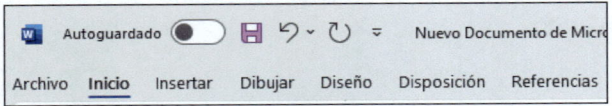

- **Guardar como.** El archivo se guardará con toda la información y podremos ponerle el nombre que deseemos y elegir la ubicación donde guardarlo.
- **Guardar en PDF.** El archivo se guardará en formato PDF. Podemos editar su nombre y su ubicación.

Las opciones anteriores implican: ir guardando los cambios para no perderlos (**Guardar**), guardar el archivo en una ubicación concreta y con un nombre específico (**Guardar como**) o guardarlo en formato PDF (**Guardar en PDF**). Ahora tenemos que decidir dónde guardarlo. Existen cuatro posibilidades:

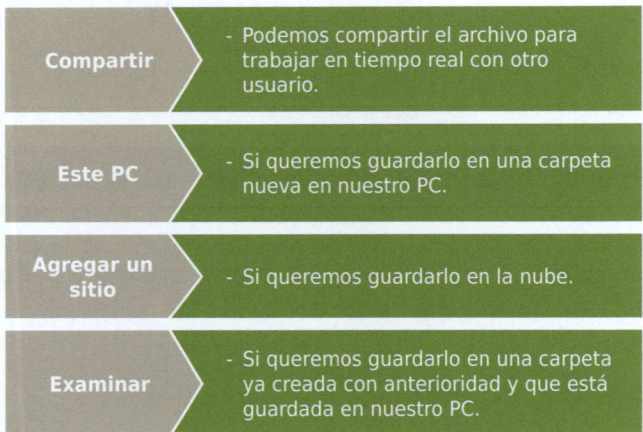

En este caso, vamos a guardar el archivo como **Guardar como.**

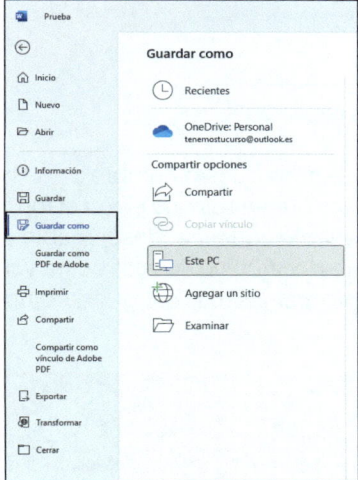

Menú Archivo para guardar un documento

Una vez seleccionado **Guardar como,** vamos a guardar el archivo nuevo en una carpeta. Para ello, seleccionamos **Examinar** y automáticamente se nos abrirá una ventana emergente.

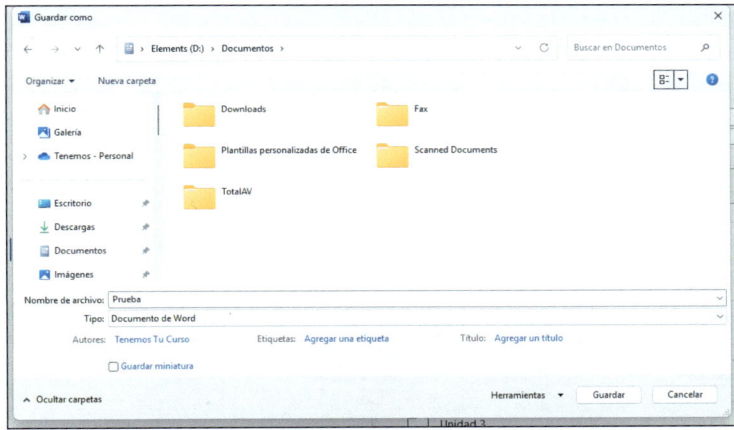

Cuadro de búsqueda de documentos

Ahora tenemos que seleccionar la carpeta donde queremos guardar el archivo y también tenemos que ponerle un nombre al archivo, por ejemplo:

"Archivo de prueba". Después, elegimos el formato de guardado que veremos en el siguiente apartado y le damos a **Guardar.** Una vez guardado el archivo en una carpeta, siempre lo localizaremos en esa ubicación.

2.3. Formatos de guardado

Una vez que ya le hemos puesto nombre a nuestro archivo, y antes de guardarlo definitivamente, tenemos que elegir el formato en que queremos guardarlo. Para ello, tenemos que ir al desplegable de arriba a la derecha, justo debajo del nombre del archivo. Nos ofrecerá varias opciones y compatibilidades con otros programas más antiguos, como, por ejemplo:

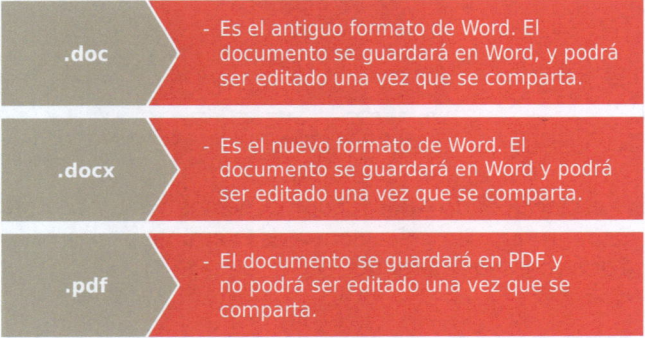

- **.doc** — Es el antiguo formato de Word. El documento se guardará en Word, y podrá ser editado una vez que se comparta.

- **.docx** — Es el nuevo formato de Word. El documento se guardará en Word y podrá ser editado una vez que se comparta.

- **.pdf** — El documento se guardará en PDF y no podrá ser editado una vez que se comparta.

Estos formatos son los más comunes. Sin embargo, en el desplegable puedes ver otras opciones de formato.

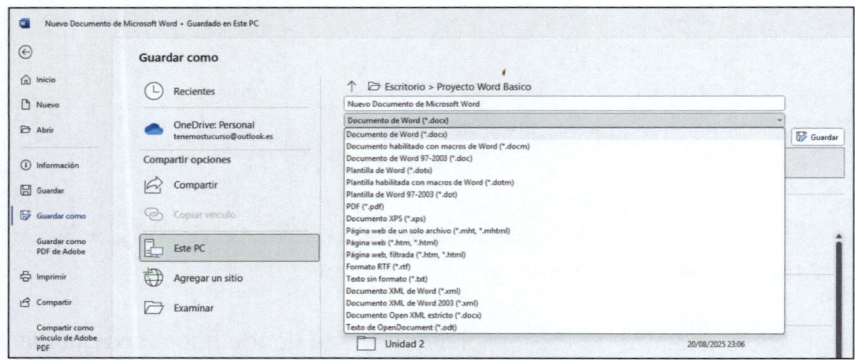

Cuadro con las distintas opciones de formato para guardar documentos

2.4. Abrir archivos

Llegados a este punto, vamos a ver cómo abrir un archivo ya creado dentro de nuestro ordenador. Para ello, debemos seleccionar en el menú principal **Archivo.**

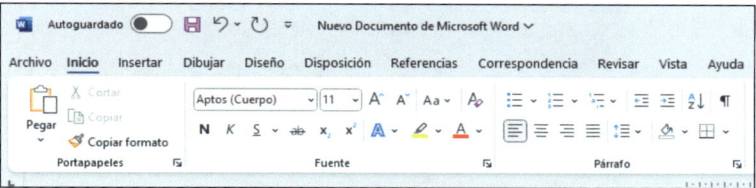

Interfaz del procesador de textos Word

Una vez seleccionado, se abrirá un desplegable a la izquierda. Clicamos en **Abrir** y aparecerán distintas opciones:

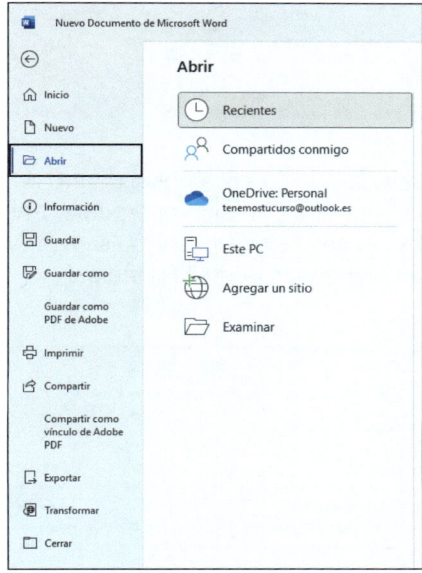

Menú Archivo para abrir un documento

Una vez que hemos clicamos en **Abrir,** aparecerán distintas opciones:

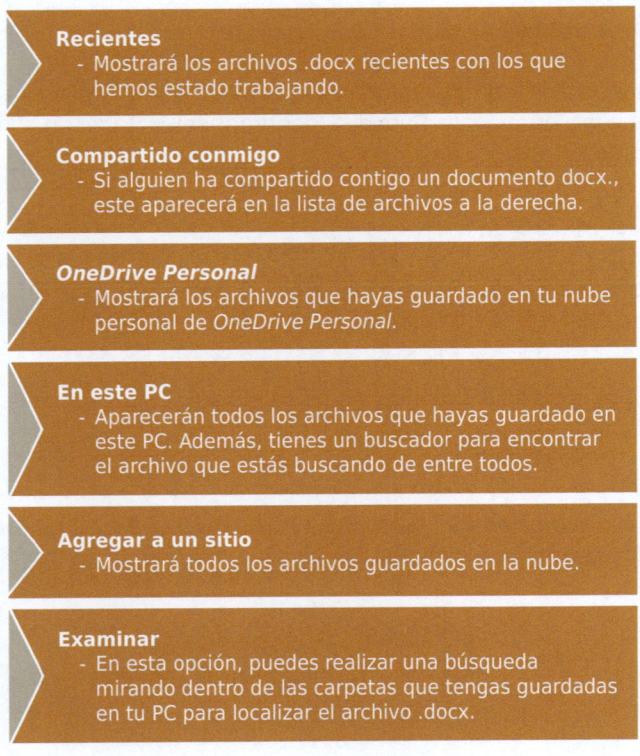

En este caso, vamos a buscar el archivo dentro de **Examinar.** Clicamos encima y se nos abrirá una pantalla emergente. Ahora buscamos el archivo en su ubicación, lo seleccionamos y pulsamos **Abrir.** Inmediatamente, el archivo se abrirá en nuestra pantalla principal.

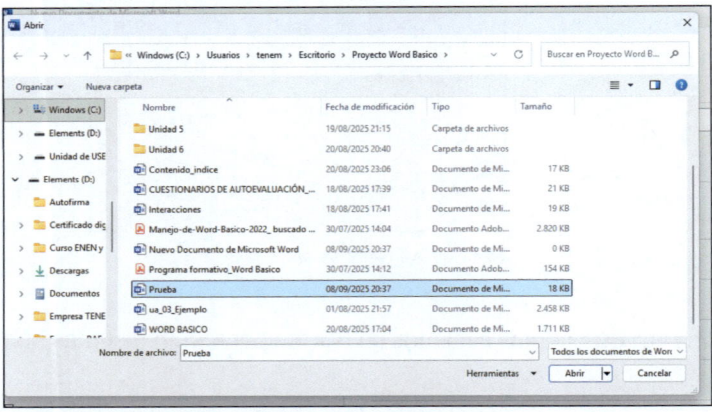

Ventana para abrir un documento

 **TAREA 1**

Ana es la secretaria de una empresa multinacional y su jefe le ha pedido que le imprima un contrato que ha sido redactado con anterioridad. Ella está buscando el archivo que contiene dicha información, pero no consigue localizarlo. Lo único que recuerda es que lo guardó en su ordenador en una carpeta llamada Contrato.

¿Podrías decirle a Ana qué pasos tiene que seguir para abrir el archivo que está buscando? Explícalo paso a paso.

2.5. Distintas vistas

En este apartado veremos cómo cambiar la vista de nuestro documento Word. Para ello, tenemos que ir al menú superior en **Vista.** Clicando en esta opción, debajo a la izquierda se abrirá un submenú.

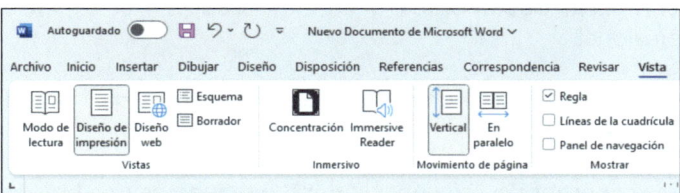

Interfaz del menú Vista

En el submenú aparecen las distintas opciones de visualizado:

- **Modo lectura.** En esta opción, podrás leer el documento a pantalla completa, pero no podrás editarlo.
- **Diseño de impresión.** Muestra cómo quedaría el documento si lo imprimieras en papel o en PDF. También tienes la opción de editar el documento.
- **Diseño web.** Muestra el aspecto que tendría el documento como página web. También es útil para visualizar tablas. En esta opción, no puedes editar el documento.
- **Esquema.** Muestra el documento en forma de esquema con el contenido como puntos de viñetas. Es útil para crear encabezados y mover párrafos completos dentro del documento.
- **Borrador.** Muestra solo el texto del documento. No aparece el encabezado ni el pie de página. En esta opción, se puede editar el documento.

ACTIVIDAD COMPLEMENTARIA

1. Redacta, utilizando Word, cómo fue tu primera vez usándolo. Puedes responder a preguntas como las siguientes:

   - ¿Qué tipo de documento creaste?
   - ¿Tuviste alguna dificultad al abrir o guardar el archivo?
   - ¿Qué aprendiste en el proceso?
   - ¿Qué importancia crees que tiene saber guardar correctamente un documento? ¿Cómo puede afectar esto en tu vida académica o profesional?

3. Resumen

Word es un procesador de textos que permite **crear, editar, dar formato y compartir documentos,** y es muy usado en el ámbito académico y profesional.

Para saber utilizar las funciones básicas del programa, hay que dominar las siguientes:

- ⮕ **Crear archivos nuevos.** Al abrir Word aparece una hoja en blanco lista para editar.
- ⮕ También es posible crear un nuevo documento desde el menú **Archivo → Nuevo → Documento en blanco** o seleccionar una plantilla prediseñada.
- ⮕ **Guardar archivos.** Se puede usar **Guardar** (para mantener cambios), **Guardar como** (para elegir ubicación y nombre) o **Guardar en PDF.**
- ⮕ Al guardar, es necesario elegir la carpeta de destino y asignar un nombre al archivo.
- ⮕ **Formatos de guardado.** Word permite guardar en diferentes formatos, como .docx (predeterminado), .pdf, .rtf, entre otros, para asegurar compatibilidad.
- ⮕ **Abrir archivos.** Desde **Archivo → Abrir → Examinar,** se selecciona la ubicación del documento guardado para visualizarlo y editarlo nuevamente.
- ⮕ **Vistas del documento.** En el menú **Vista** se pueden cambiar las formas de visualizar el archivo (lectura, diseño de impresión, esquema, etc.).

Ejercicios de autoevaluación
Unidad de Aprendizaje 1

1. ¿Para qué sirve un documento de Word?

    a. Sirve para crear felicitaciones navideñas.
    b. Sirve para editar presentaciones.
    c. Sirve para crear, editar y dar formato a documentos de texto.
    d. Sirve para guardar fotos.

2. ¿Cómo crear un archivo nuevo?

    a. Clicar en Archivo → Nuevo → Documento en blanco.
    b. Clicar en Insertar → Nuevo → Documento en blanco.
    c. Clicar en Archivo → Abrir → Documento en blanco.
    d. Clicar en Insertar → Portada → Documento en blanco.

3. ¿Qué debemos hacer si queremos guardar un archivo con el que estamos trabajando para no perder los cambios?

    a. Tenemos que clicar en Archivo → Guardar.
    b. Tenemos que clicar en Archivo → Guardar como.
    c. Tenemos que clicar en Archivo → Guardar en PDF.
    d. Tenemos que clicar en Archivo → Imprimir.

4. ¿Qué debemos hacer para guardar un archivo en una ubicación concreta y con un nombre específico en la nube?

    a. Clicamos en Archivo → Guardar como → Compartir.
    b. Clicamos en Archivo → Guardar como → Este PC.
    c. Clicamos en Archivo → Guardar como → Agregar un sitio.
    d. Clicamos en Archivo → Guardar como → Examinar.

5. ¿Qué debemos hacer para abrir un archivo que está en nuestro PC?

    a. Clicamos en Archivo → Abrir → Compartido conmigo.
    b. Clicamos en Archivo → Abrir → Este PC.
    c. Clicamos en Archivo → Abrir → Agregar a un sitio.
    d. Clicamos en Archivo → Abrir → Examinar.

Formatos de texto

Contenido

Objetivos

El objetivo general de esta Unidad de Aprendizaje es:

→ Editar texto con distintos estilos, párrafos, fuentes, numeración, sangrías, etc.

Los objetivos específicos de esta Unidad de Aprendizaje son:

→ Crear textos con distintas fuentes.

→ Cambiar los colores y subrayar los textos.

→ Establecer la disposición de los párrafos.

1. Introducción

Word ofrece una amplia variedad de herramientas para dar formato al texto y a los párrafos, permitiendo que los documentos no solo sean más legibles, sino también más atractivos y profesionales. Entre los elementos más importantes del formato de texto se encuentran el tipo de fuente, el tamaño, el color y los estilos (como negrita, cursiva y subrayado). Estos ajustes permiten destacar información relevante y establecer una jerarquía visual clara.

Además del texto, el formato de párrafo juega un papel crucial en la estructura del documento. Word permite controlar aspectos como la alineación (izquierda, derecha, centrado o justificado), el interlineado, la sangría y el espaciado entre párrafos, lo cual facilita la organización del contenido y mejora la experiencia de lectura.

Dominar el uso de los distintos formatos de fuente y párrafo en Word es fundamental para crear documentos efectivos, ya sea en el ámbito académico, profesional o personal.

En esta unidad vas a aprender cómo utilizar las distintas herramientas de formato para poder elaborar un documento con estilo propio.

Para adentrarnos en los conceptos, vamos a ver cómo David, nuestro estudiante de posgrado, empieza a dar forma a su tesis usando las distintas opciones del procesador de texto de Word.

2. Formatos de fuente

 **HILO CONDUCTOR**

David va a comenzar a escribir su borrador para la tesis. Sin embargo, no sabe aún el tipo de letra que va a usar en su documento. Para ello, se dispone a hacer pruebas con los tipos de letras recomendados para el entorno académico.

El procesador de textos Word te da la posibilidad de elegir entre distintos formatos de fuente. De esta manera, no solo puedes personalizar el texto, sino que, además, puedes realizar distintos escritos, ya sean para el ámbito académico, profesional o personal.

Para cambiar el formato, debes ir al menú superior **Inicio** de la página principal, y te aparecerá un submenú. Clicando en la flechita que mira hacia abajo se despliegan todas las fuentes disponibles. Para cambiar de fuente, solo debes de colocarte encima de ella y clicar. De esta forma, cambiarás el formato de tus textos.

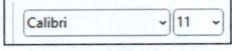

Opción del menú con los distintos tipos de letra

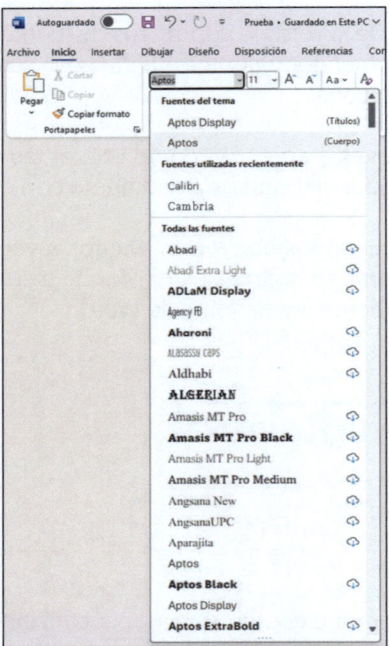

Desplegable con los distintos tipos de letra

2.1. Ámbitos de uso

A continuación, se describen los diferentes ámbitos de uso:

Ámbito académico	Ámbito profesional	Ámbito personal

Ámbito académico

Se busca claridad, legibilidad y cumplimiento de normas formales (como APA, MLA, etc.). Los tipos de fuente más usados son los siguientes:

Times New Roman (tamaño 12)
- Clásica y aceptada en casi todas las normas académicas.

Arial (tamaño 11 o 12)
- Moderna y clara, común en textos digitales.

Calibri (tamaño 11)
- Fuente predeterminada en Word, aceptada en muchos contextos.

Cambria (tamaño 12)
- Usada especialmente en títulos o en documentos formales.

 **EJEMPLO**

Estilo: negrita para títulos y subtítulos, cursiva para destacar citas o términos importantes, subrayado solo si es estrictamente necesario (rara vez se usa).

Ámbito profesional

Se prioriza la elegancia, la claridad y el profesionalismo. La fuente debe ser seria y fácil de leer.

Tipos de fuente más usados:

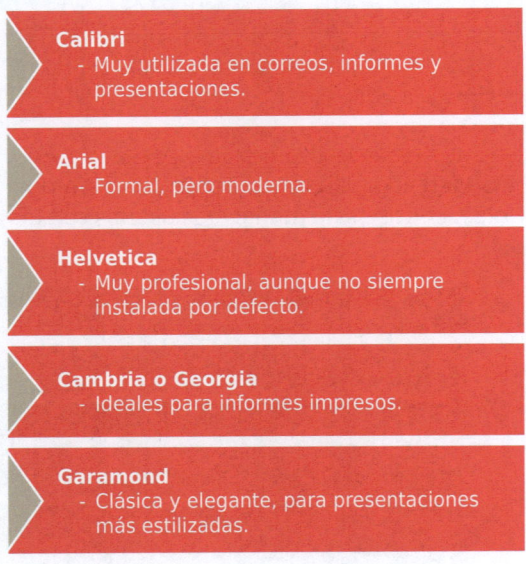

Calibri
- Muy utilizada en correos, informes y presentaciones.

Arial
- Formal, pero moderna.

Helvetica
- Muy profesional, aunque no siempre instalada por defecto.

Cambria o Georgia
- Ideales para informes impresos.

Garamond
- Clásica y elegante, para presentaciones más estilizadas.

 **EJEMPLO**

Estilo: títulos en negrita, texto en tamaño 11 o 12. Se evita el uso de colores llamativos o de tipografías informales.

Ámbito personal

Hay mayor libertad creativa, dependiendo del propósito (cartas, invitaciones, diarios, etc.).

Tipos de fuente más usados:

Comic Sans MS
- Informal y amigable, usada en contextos no formales.

Segoe Print o Bradley Hand
- Simulan la escritura a mano.

Courier New
- Estilo máquina de escribir, útil para ciertos tipos de contenido.

Lucida Handwriting o Kristen ITC
- Decorativas, para tarjetas o invitaciones.

◁◉▷ EJEMPLO

Estilo: puede variar en color, tamaño, diseño y combinación de estilos. Se prioriza la expresión personal y la creatividad.

2.2. Colores

El procesador de texto Word te da la opción de cambiar el color de tus textos. Solo tienes que ir al menú **Inicio,** en la parte superior de la página principal. Si clicas en la fecha del icono con la letra **A,** se abrirá un desplegable con los colores disponibles. Ponte encima del color que deseas usar y selecciónalo.

Opción de icono con los distintos colores a elegir

También puedes resaltar tus textos en colores distintos. Sitúate encima del icono de color de resaltado y clica en la fechita; se abrirá el desplegable con todos los colores que puedes usar.

Opción de icono con los distintos colores a elegir

2.3. Formatos de párrafo

Un párrafo es una unidad de texto compuesta por una o varias oraciones que desarrollan una idea principal. En la escritura, los párrafos ayudan a organizar el contenido, facilitando la lectura y la comprensión del mensaje.

Las características de un párrafo son:

- **Unidad temática.** Cada párrafo trata una sola idea o tema central.
- **Estructura interna:**

    - Oración principal: expone la idea principal.
    - Oraciones secundarias: apoyan, explican o desarrollan la idea principal.

- **Separación visual.** En Word u otros procesadores de texto, los párrafos se separan generalmente mediante un espacio en blanco o sangría al comienzo de la primera línea.
- **Coherencia y cohesión.** Las oraciones deben estar conectadas lógica y gramaticalmente.

 **EJEMPLO**

A continuación, puedes ver un ejemplo de párrafo.

El reciclaje es una acción fundamental para cuidar el medioambiente. A través de esta práctica, se reduce la cantidad de residuos que terminan en vertederos y se aprovechan materiales que pueden reutilizarse. Además, contribuye a disminuir la contaminación y el consumo de recursos naturales.

En resumen, el párrafo es la base para estructurar ideas en cualquier texto, ya sea académico, profesional o personal.

El procesador de texto Word te da la posibilidad de poner a la izquierda, a la derecha o centrar el párrafo. También puedes justificar el párrafo. En el menú **Inicio,** en la parte superior de la página principal, tienes todas las opciones.

Opción de icono con las distintas justificaciones de un párrafo

Vamos a ver para qué sirve cada uno de los iconos:

● **Justificado a la izquierda.** El texto empezará a escribirse en el lateral izquierdo de la página.

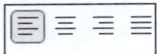

◉ **EJEMPLO**

El reciclaje es una acción fundamental para cuidar el medioambiente. A través de esta práctica, se reduce la cantidad de residuos que terminan en vertederos y se aprovechan materiales que pueden reutilizarse. Además, contribuye a disminuir la contaminación y el consumo de recursos naturales.

● **Justificado central.** El texto comenzará a escribirse en el centro de la página.

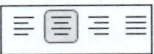

◉ **EJEMPLO**

El reciclaje es una acción fundamental para cuidar el medioambiente. A través de esta práctica, se reduce la cantidad de residuos que terminan en vertederos y se aprovechan materiales que pueden reutilizarse. Además, contribuye a disminuir la contaminación y el consumo de recursos naturales.

● **Justificado a la derecha.** El texto comenzará a escribirse en el lado derecho de la página.

 **EJEMPLO**

El reciclaje es una acción fundamental para cuidar el medioambiente. A través de esta práctica, se reduce la cantidad de residuos que terminan en vertederos y se aprovechan materiales que pueden reutilizarse. Además, contribuye a disminuir la contaminación y el consumo de recursos naturales.

➲ **Justificado.** El texto quedará centrado, separando el texto con espacios para rellenar la línea del texto.

 **EJEMPLO**

El reciclaje es una acción fundamental para cuidar el medioambiente. A través de esta práctica, se reduce la cantidad de residuos que terminan en vertederos y se aprovechan materiales que pueden reutilizarse. Además, contribuye a disminuir la contaminación y el consumo de recursos naturales.

 TAREA 2

Realiza un archivo con los distintos párrafos: justificado izquierda, derecha, centrado y justificado. También deberás cambiar los formatos de la fuente de letras en cada párrafo.

Cuando hayas terminado de hacerlo, guárdalo en una carpeta en tu ordenador.

2.4. Viñetas

Las **viñetas** son símbolos gráficos (como puntos, guiones, flechas, etc.) que se utilizan para **enumerar o destacar elementos** dentro de una lista. Su principal función es **organizar información** de forma clara y visualmente ordenada, facilitando la lectura y la comprensión de ideas o datos presentados en forma de puntos clave.

Las características de las viñetas son las siguientes:

- No implican un orden específico (a diferencia de las listas numeradas).
- Se usan comúnmente para resaltar ideas, pasos, características o elementos relacionados.
- Pueden personalizarse en Word (forma, color, símbolo, etc.).

Algunos ejemplos de lista con viñetas pueden ser:

- Hacer ejercicio regularmente.
- Comer de forma saludable.
- Dormir al menos 8 horas.
- Mantener una buena hidratación.

En el menú **Inicio,** en la página principal, tienes el icono de las viñetas; si clicas encima de la flecha se te abrirá un desplegable con las distintas opciones. Ahora solo tienes que seleccionar la que más te guste.

Opción de icono con las distintas viñetas

También tienes la opción de numerar o de poner letras usando la biblioteca de numeración y los formatos de números de documentos.

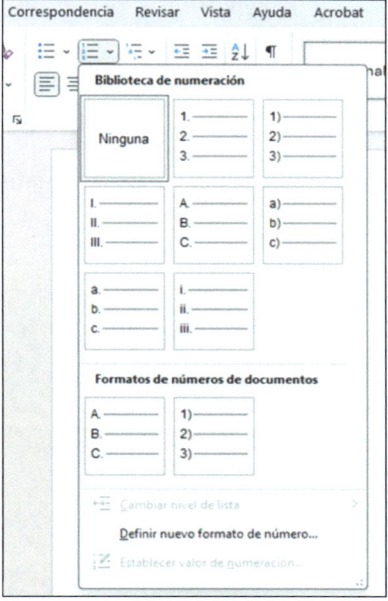

Opción de icono con la biblioteca de numeración

 ## ACTIVIDAD COMPLEMENTARIA

2. Plantea cómo crear un documento para uno de estos tres casos:

- Un cartel para un evento escolar
- Un *curriculum vitae*
- Una invitación a una fiesta

Elige uno y, después, responde a las siguientes cuestiones:

a. ¿Qué tipo de letra usarías y por qué?
b. ¿Qué colores te parecen adecuados?
c. ¿Usarías negrita, cursiva o subrayado? ¿En qué partes?
d. ¿Crees que el formato puede cambiar el mensaje que se transmite? ¿Has visto algún ejemplo donde el estilo del texto haya influido en cómo se percibe el contenido?

3. Resumen

El procesador de textos de *Microsoft* sirve para dar formato a textos y párrafos en *Microsoft* Word para crear documentos claros, atractivos y profesionales en contextos académicos, laborales y personales. También para aprender a editar textos aplicando fuentes, estilos, párrafos, colores, numeración y sangrías para mejorar la presentación y la legibilidad de los documentos.

El formato de fuente permite elegir entre distintos tipos de letra desde el menú **Inicio**.

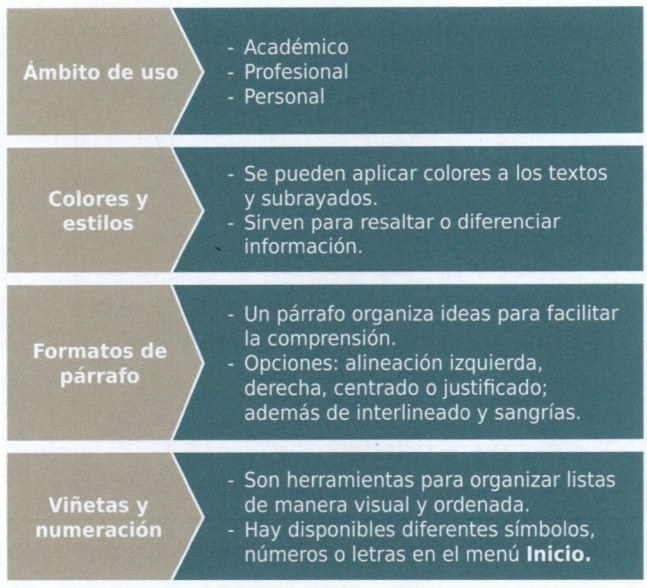

Ámbito de uso	- Académico - Profesional - Personal
Colores y estilos	- Se pueden aplicar colores a los textos y subrayados. - Sirven para resaltar o diferenciar información.
Formatos de párrafo	- Un párrafo organiza ideas para facilitar la comprensión. - Opciones: alineación izquierda, derecha, centrado o justificado; además de interlineado y sangrías.
Viñetas y numeración	- Son herramientas para organizar listas de manera visual y ordenada. - Hay disponibles diferentes símbolos, números o letras en el menú **Inicio**.

Dominar los formatos de texto y párrafo en Word es esencial para comunicar de forma efectiva en cualquier ámbito, ya sea académico, profesional o personal.

Ejercicios de autoevaluación
Unidad de Aprendizaje 2

1. ¿Qué tipos de formato puedo modificar en Word?

    a. Formato de texto
    b. Formato de párrafos
    c. Formato de números
    d. Las opciones a y b son correctas.

2. ¿Qué tipo de fuente se utiliza en escritos de ámbito profesional?

    a. Calibri, Arial, Helvetica, Cambria o Georgia.
    b. Courier New, Comic Sans MS, Segoe Print o Bradley Hand.
    c. Times New Roman, Arial, Calibri y Cambria.
    d. Todas las opciones son incorrectas.

3. ¿En qué menú puedo cambiar el color de la fuente?

    a. En el menú Archivos
    b. En el menú Diseño
    c. En el menú Dibujar
    d. En el menú Inicio

4. ¿Qué opción debemos seleccionar para que el texto de nuestro documento quede en el lado derecho de la página?

    a. Justificado centrado
    b. Justificado a la izquierda
    c. Justificado a la derecha
    d. Justificado

5. Las viñetas son símbolos gráficos, _____ _____, que se utilizan para enumerar o destacar elementos dentro de una lista.

    a. como puntos, guiones, flechas, etc.
    b. como arcos, cuadrados, circunferencias, etc.
    c. como puntos, cuadrados, fechas, etc.
    d. como arcos, guiones, circunferencias, etc.

Diseño e impresión

Contenido

Objetivos

El objetivo general de esta Unidad de Aprendizaje es:

→ Realizar tareas habituales con documentos: usar plantillas, imprimir, convertir formatos, etc.

Los objetivos específicos de esta Unidad de Aprendizaje son:

→ Examinar el documento antes de imprimirlo.

→ Elegir la impresora.

→ Imprimir documentos y convertir formatos.

1. Introducción

La **impresión de documentos en Word** es el proceso mediante el cual un archivo digital creado en Word se **transfiere a papel** u otro formato físico mediante una **impresora.** Esta función permite tener una copia tangible del documento, útil para presentaciones, entregas, archivos físicos o lectura sin pantalla.

En esta unidad vamos a aprender a configurar la impresión de un documento y a personalizarla. Veremos las distintas opciones que ofrece Word para imprimir, como: número de copias, selección de formato de impresión, etc.

Para introducirnos en estos conceptos vamos a seguir el ejemplo de David, nuestro alumno de posgrado, que tiene la necesidad de imprimir su trabajo de tesis en distintos formatos.

2. Vista preliminar

 HILO CONDUCTOR

David, nuestro alumno de posgrado, ha elaborado un pequeño borrador y necesita compartirlo con su tutor. Ha decidido compartirlo con él en tiempo real, y hacer una impresión en PDF para guardarla en su ordenador.

- -

La vista preliminar te da la opción de ver cómo ha quedado el documento antes de ser impreso. Así podrás modificar el documento si está descuadrado o si hay saltos de página, etc.

Para ello, tienes que ir al menú **Archivo,** en la página principal, y clicar en **Archivo.**

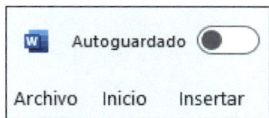

Menú superior de la interfaz de Word

Después, pulsa **Imprimir,** y a tu derecha saldrá el menú de configuración de impresión; más a la derecha saldrá el documento.

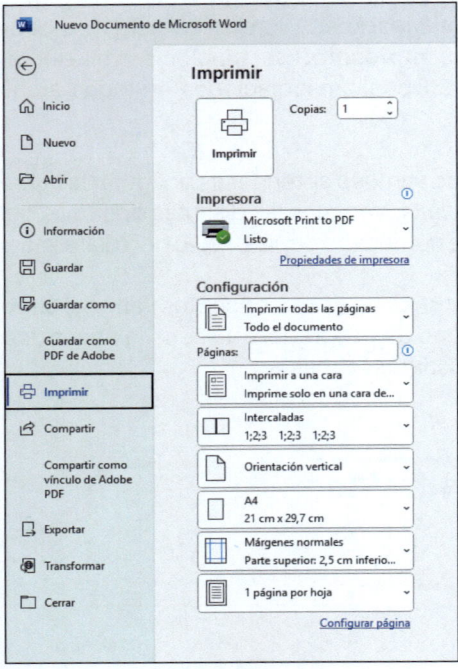

Menú de impresión de Word

 **EJEMPLO**

A continuación, puedes ver un ejemplo de una vista preliminar:

Continúa en página siguiente >>

<< Viene de página anterior

Introducción:

La **impresión de documentos en Word** es el proceso mediante el cual un archivo digital creado en Microsoft Word se **transfiere a papel** u otro formato físico mediante una **impresora**. Esta función permite tener una copia tangible del documento, útil para presentaciones, entregas, archivos físicos o lectura sin pantalla.

¿Qué implica imprimir un documento en Word?

Imprimir no es solo presionar un botón; también implica **configurar** cómo saldrá el documento. Microsoft Word ofrece varias opciones para personalizar la impresión según tus necesidades.

Opciones clave de impresión en Word:

1. **Número de copias**: Cuántas veces deseas imprimir el documento.

2. **Selección de impresora**: Puedes elegir entre impresoras conectadas (físicas) o virtuales (como PDF).

3. **Páginas para imprimir**:

   o Todo el documento

   o Páginas específicas (por ejemplo, 1-3, 5)

   o Página actual

4. **Orientación**:

   o Vertical (retrato)

Si el documento se compone de varias páginas, puedes ir pasando las páginas una a una con las flechas que hay en la parte inferior a la izquierda.

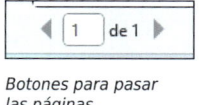

*Botones para pasar
las páginas*

2.1. Configuración de impresión

Ahora vamos a configurar la impresora para poder imprimir nuestro documento. Para ello, tenemos que clicar en **Archivo** y, después, en **Imprimir;** aparecerá el menú de la derecha con las distintas opciones de configuración.

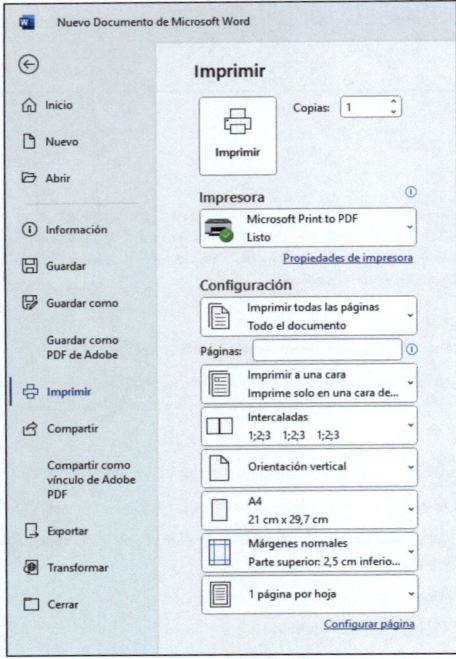

Menú de impresión de Word

Propiedades de impresora

En esta opción puedes modificar la forma de impresión del documento.

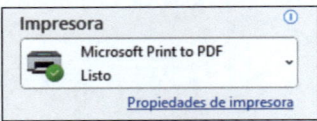

Si clicamos en **Propiedades de impresora,** aparecerá un recuadro con las distintas opciones. Podemos elegir entre imprimir el documento en vertical o en horizontal.

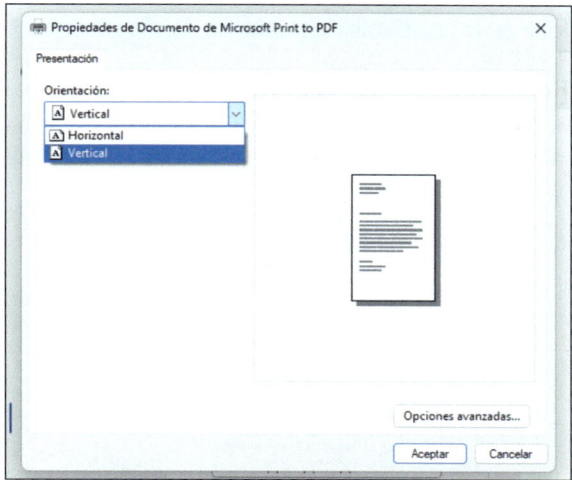

Antes de nada, tenemos que elegir la impresora. Con esta opción podemos elegir la impresora que queremos usar, ya sea una impresora que tenemos en la oficina, en casa, o bien si queremos imprimir el documento en PDF. Si pulsamos en la pestaña, se abrirá el desplegable y podremos seleccionar la impresora que queramos de nuestra lista.

La impresora que está activa es la que tiene el *check* en verde. También es importante que la impresora que elijamos esté conectada a nuestro ordenador.

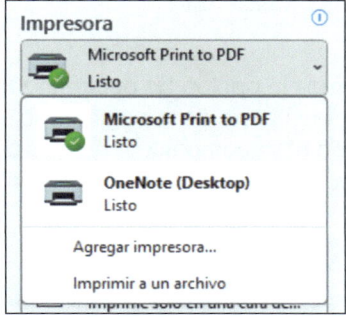

Interfaz de impresora

Ahora, veamos las distintas opciones de configuración:

⮕ **Imprimir todas las páginas.** En esta opción podemos discriminar las páginas, es decir, podemos imprimir el documento entero, solo la página actual, solo las páginas pares o solo las páginas impares.

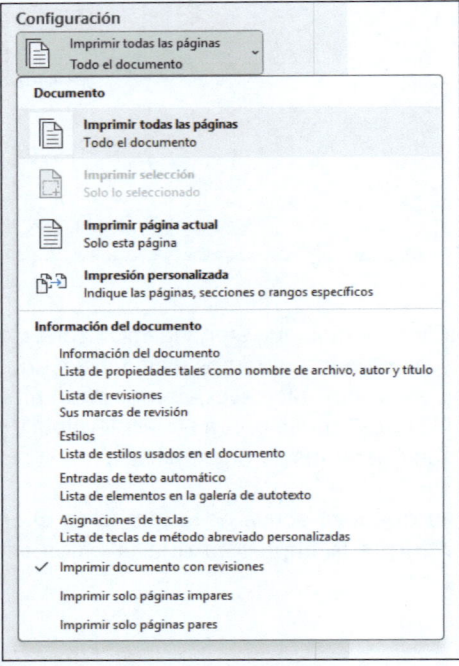

También tenemos la opción de personalizar la impresión. Para ello, debemos indicar el número de la página que queremos imprimir. Es decir, su ubicación en el documento. Si es más de una página, se separarán por puntos y comas (por ejemplo: 3;6;10) en el espacio para ello.

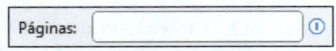

⮕ **Imprimir a una cara.** En esta opción podemos elegir si queremos imprimir a una cara, o bien imprimir manualmente a dos caras. Hay impresoras que dan la opción de imprimir a dos caras de forma automática; en el caso de que nuestra impresora no tenga esa opción, tendremos que ir colocando manualmente el papel en la orientación que toque.

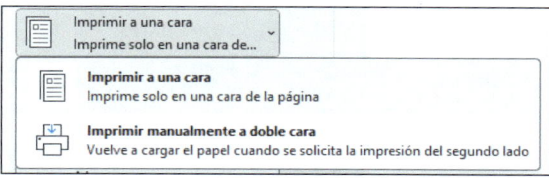

➲ **Imprimir intercaladas.** En esta opción podemos elegir si queremos intercalar las páginas.

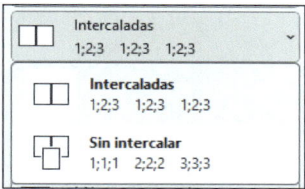

➲ **Orientación vertical/horizontal.** En esta opción podemos elegir el sentido de impresión de nuestro documento. Podemos imprimirlo en vertical o en horizontal.

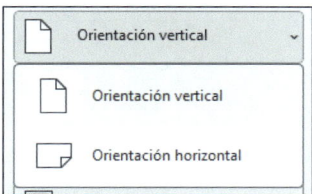

➲ **Tamaño del folio.** Con esta opción podemos elegir el tamaño de nuestro documento. Por ejemplo: en formato A3, A4, formato carta, etc.

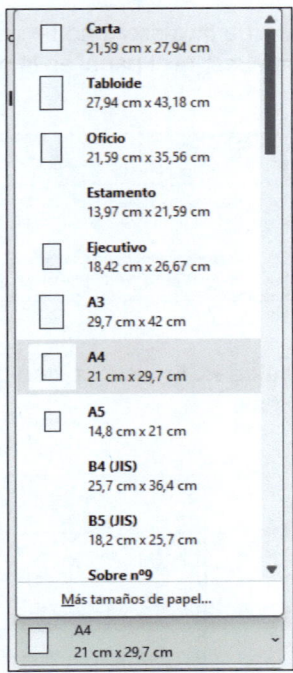

● **Márgenes.** Esta opción te permite modificar los márgenes del documento: margen estrecho, ancho, normal, etc.

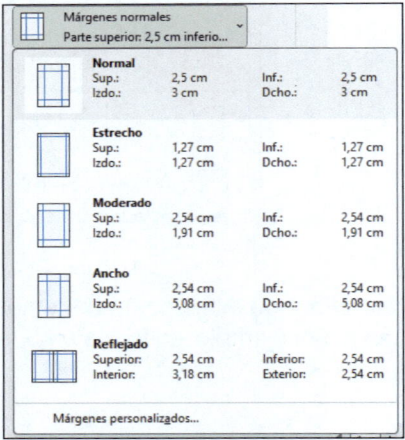

○ **Páginas por hoja.** En esta opción puedes elegir si quieres que el contenido salga en una página, o que dos páginas salgan en una cara del folio, o que tres páginas salgan en una cara del folio, y así sucesivamente.

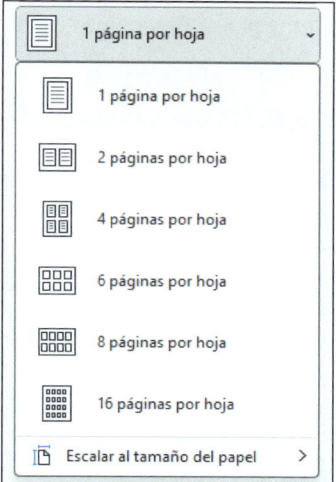

2.2. Imprimir

Llegados a este punto, toca imprimir el documento. Para ello, clicamos en **Archivo → Imprimir → Configuramos la impresora** y seleccionamos el número de copias que deseamos imprimir. Por último, hacemos clic en el botón **Imprimir.**

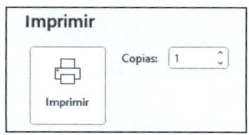

 **RECUERDA**

Antes de imprimir en papel, tu impresora debe estar configurada y conectada con el ordenador.

TAREA 3

David se encuentra en clase con su tutor y le está enseñando el trabajo de fin de posgrado. El tutor le pide a David que se lo imprima en PDF y le dé una copia en papel. ¿Podrías ayudar a David? ¿Cómo lo harías?

Para ayudar a David, tienes que seguir los siguientes pasos:

1. mprimir en PDF y guardarlo en el ordenador.
2. Configurar la impresora.
3. Imprimir en papel el documento, seleccionado la opción en vertical.

Indica paso a paso cómo lo harías.

---

3. Usar plantillas

☞ HILO CONDUCTOR

David se ha propuesto terminar el trabajo de fin de posgrado a tiempo y, para ello, ha decidido crear un calendario con las fechas de entrega. Para el nuevo calendario, David va a usar las plantillas de Word.

El uso de plantillas en Word sirve para facilitar y agilizar la creación de documentos con un diseño y una estructura ya predefinidos.

Para poder seleccionar una plantilla predefinida, tenemos que ir al menú **Archivo** y clicar en él. Se abrirá un menú desplegable a la derecha.

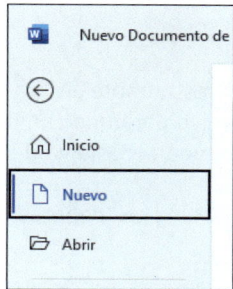

Botón para crear un nuevo documento o una plantilla

Clicando en **Nuevo** nos aparecerán, a la izquierda, diferentes plantillas y un buscador; en él podemos buscar la plantilla que deseamos, ya sea para hacer un proyecto, un calendario, una factura, una agenda, etc.

También dispones de un submenú para concretar qué estás buscando: cartas, tarjetas, agendas, etc.

 ## ACTIVIDAD COMPLEMENTARIA

3. Imagina que tienes que diseñar un documento para imprimir. Para ello, elige uno de estos casos:

Continúa en página siguiente >>

<< Viene de página anterior

- Un menú para un restaurante
- Un folleto informativo para una campaña de salud
- Un programa para una ceremonia de graduación

Una vez que lo hayas elegido, deberás contestar a los siguientes interrogantes:

- ¿Qué elementos de diseño incluirías (márgenes, orientación de página, colores, imágenes, etc.)?
- ¿Qué cuidados tendrías antes de imprimir (tipo de papel, revisión del contenido, vista previa, etc.)?
- ¿Qué errores crees que se deben evitar al preparar un documento para impresión?

4. Resumen

Con el procesador de textos Word podrás preparar y configurar la impresión de documentos, asegurando que el resultado sea adecuado para su uso académico, profesional o personal. Además, podrás usar plantillas para tus proyectos, agenda o calendarios.

Los puntos clave son:

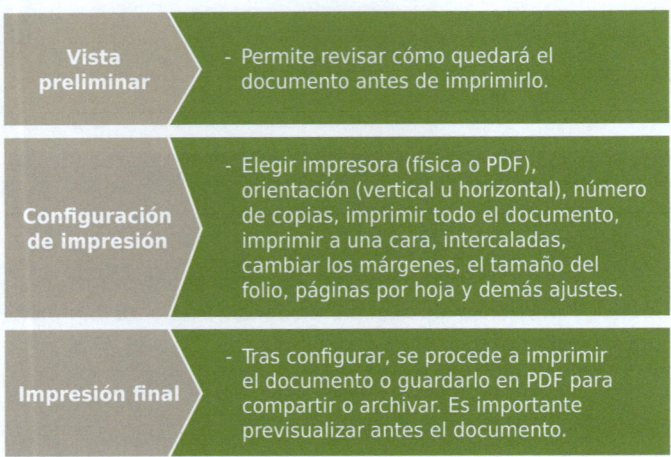

Vista preliminar	- Permite revisar cómo quedará el documento antes de imprimirlo.
Configuración de impresión	- Elegir impresora (física o PDF), orientación (vertical u horizontal), número de copias, imprimir todo el documento, imprimir a una cara, intercaladas, cambiar los márgenes, el tamaño del folio, páginas por hoja y demás ajustes.
Impresión final	- Tras configurar, se procede a imprimir el documento o guardarlo en PDF para compartir o archivar. Es importante previsualizar antes el documento.

Si aprendes a personalizar el diseño del documento y a gestionar correctamente la impresión, optimizarás tiempo y recursos.

El uso de plantillas puede facilitar y agilizar la creación de documentos.

Ejercicios de autoevaluación
Unidad de Aprendizaje 3

1. ¿Qué debo hacer para imprimir un archivo?

    a. Tengo que clicar en Archivo y, después, en Guardar.
    b. Tengo que clicar en Archivo y, después, en Guardar como.
    c. Tengo que clicar en Archivo y, después, en Imprimir.
    d. Tengo que clicar en Archivo y, después, en Compartir.

2. ¿Qué opción tengo que seleccionar para imprimir solo las páginas pares?

    a. Tengo que clicar en Imprimir todas las páginas y, después, Impresión personalizada.
    b. Tengo que clicar Imprimir a una cara.
    c. Tengo que clicar Imprimir manualmente a doble cara.
    d. Tengo que clicar en Imprimir todas las páginas y, después, Imprimir página actual.

3. ¿Qué opción tengo que seleccionar para imprimir la página actual de un documento?

    a. Tengo que clicar en Imprimir todas las páginas y, después, Impresión personalizada.
    b. Tengo que clicar Imprimir a una cara.
    c. Tengo que clicar Imprimir manualmente a doble cara.
    d. Tengo que clicar en Imprimir todas las páginas y, después, Imprimir página actual.

4. ¿Qué opción tengo que seleccionar para imprimir todas las páginas del documento?

    a. Tengo que clicar en Imprimir todas las páginas y, después, Imprimir todas las páginas.
    b. Tengo que clicar Imprimir a una cara.
    c. Tengo que clicar Imprimir manualmente a doble cara.
    d. Tengo que clicar en Imprimir todas las páginas y, después, Imprimir página actual.

5. **¿Qué opción tengo que elegir para cambiar a margen estrecho el documento a imprimir?**

    a. Clicar sobre Margen normal y, después, Margen normal.
    b. Clicar sobre Margen normal y, después, Margen moderado.
    c. Clicar sobre Margen normal y, después, Margen reflejado.
    d. Clicar sobre Margen normal y, después, Margen estrecho.

Edición de documentos

Contenido

Objetivos

Los objetivos generales de esta Unidad de Aprendizaje son:

→ Buscar y reemplazar contenido.

→ Hacer revisiones ortográficas en distintos idiomas.

→ Trabajar con el Control de cambios en documentos.

Los objetivos específicos de esta Unidad de Aprendizaje son:

→ Editar un documento.

→ Corregir un documento.

→ Seleccionar, cortar y pegar partes del documento.

→ Aplicar el Control de cambios en documentos.

→ Cambiar el contenido del texto a otro idioma.

1. Introducción

La **edición de documentos** es el proceso de **modificar, corregir o mejorar** un texto previamente creado en un procesador de texto como Word. Este proceso permite que el contenido sea más claro, preciso, completo y visualmente adecuado según su propósito.

En esta unidad aprenderemos a estructurar el contenido, a seleccionar, a buscar contenido, sinónimos, y a copiar y pegar párrafos, corregir el texto y usar la autocorrección ortográfica.

Para introducirnos en los conceptos, David, nuestro estudiante de posgrado, va a necesitar visualizar y buscar en el contenido de su borrador de tesis para corregir el documento, ya que ha podido cometer faltas ortográficas o gramaticales; seguiremos su ejemplo.

2. Acción Seleccionar

☞ HILO CONDUCTOR

David ha recibido la respuesta de su tutor, que le ha indicado que el borrador que compartió con él ha de ser revisado, ya que ha cometido bastantes faltas de ortografía, faltas gramaticales y, además, ha repetido ciertas palabras en varias ocasiones.

En este apartado vamos a estudiar cómo seleccionar un documento entero, parte de él o un objeto. Para ello, tenemos que situarnos en el menú superior **Inicio.**

Si clicamos en él, nos aparecerá un submenú con las distintas opciones:

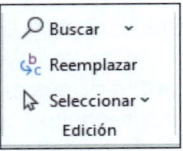

Nos situamos encima de **Seleccionar** y clicamos en la fechita; se abrirá un desplegable y tendremos las siguientes opciones:

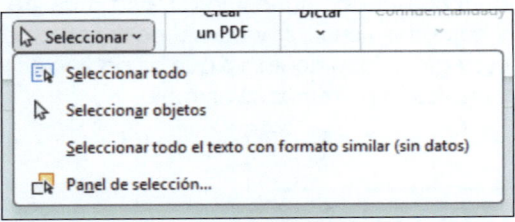

Ahora, veamos las opciones de **Seleccionar:**

Seleccionar todo
- Esta opción sirve para seleccionar todo el contenido de un documento, ya sea de una página o de varias. Al seleccionar, estás copiando el documento entero y, de esta manera, podrás exportarlo a otro documento o al mismo documento.

Seleccionar objetos
- Esta opción te permite seleccionar objetos dentro del documento, como fotografías, tablas, gráficos, etc.

Seleccionar todo el texto con formato similar (sin datos)
- Esta opción te permite seleccionar todo el texto de un documento y guardar el formato establecido. No copiará los datos.

Panel de selección
- Esta opción te permite visualizar una lista de todos los objetos; podrás seleccionar objetos y cambiar su orden.

También puedes seleccionar un texto posicionándote encima de él, pulsando el botón derecho del ratón y desplazando el ratón hasta seleccionar todo el contenido que quieres copiar. El texto cambiará de color. En los apartados siguientes veremos cómo copiar y pegar el texto seleccionado.

 **EJEMPLO**

A continuación, puedes ver cómo se ve la selección de un texto una vez seleccionado para ser copiado o cortado:

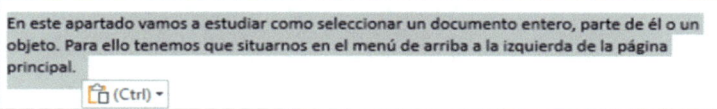

2.1. Acción Buscar

Con esta opción podemos buscar palabras, epígrafes, títulos, etc. Para hacerlo, debemos posicionarnos en el menú **Inicio** de la parte superior izquierda de página principal. Clicamos en él.

Interfaz del menú Inicio

Una vez hemos clicado en **Inicio,** nos aparecerá un submenú. Si nos situamos encima de **Buscar** y clicamos en la pestaña, se abrirá el desplegable.

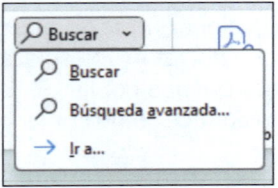

Interfaz del menú Buscar

Clicamos encima de **Buscar** y se abrirá un recuadro a la izquierda, en el que ponemos el término, el título, etc., y clicamos **Intro.** En este caso, hemos puesto la palabra **"IMAGEN"**.

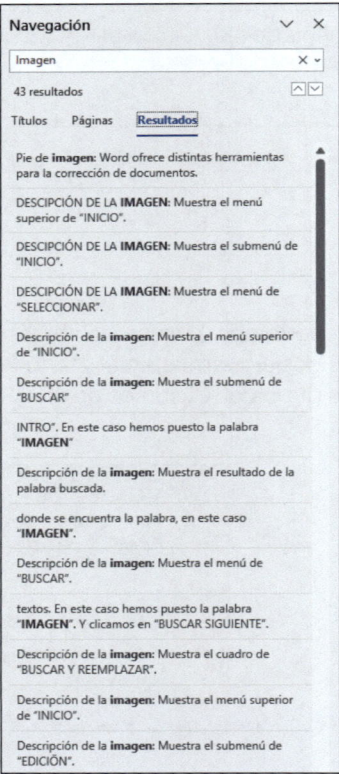

Resultados de búsqueda de la palabra "IMAGEN"

Debajo del buscador, te aparecerán los resultados. Si clicas encima de cada uno de ellos, te llevará al sitio del documento donde se encuentra la palabra.

Ahora seleccionamos Búsqueda avanzada.

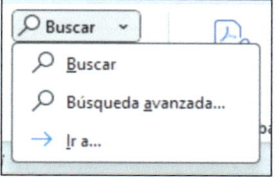

Interfaz del menú Buscar

Una vez seleccionado, se abrirá un cuadro; en él debes escribir lo que quieres buscar. Con esta opción puedes buscar frases o textos. En este caso, hemos puesto la palabra "IMAGEN". Clicamos en **Buscar siguiente.**

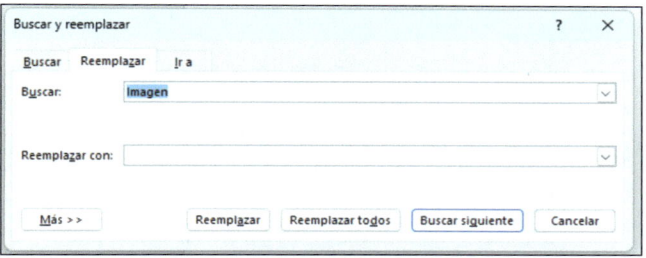

Cuadro para buscar y reemplazar palabras

Los resultados de la búsqueda te aparecerán sombreados en color gris; para pasar a la siguiente palabra, tienes que ir clicando en **Buscar siguiente.**

2.2. Acción Reemplazar

Para ello, tenemos que situarnos en el menú **Inicio.**

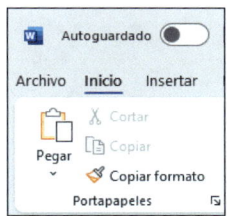

Interfaz del menú Inicio

Una vez hemos clicado en **Inicio,** nos aparecerá debajo un submenú. Ahora nos situamos encima de **Reemplazar.**

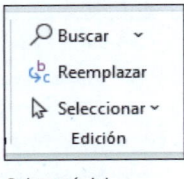

Submenú del menú Inicio

Si clicamos en **Reemplazar,** se nos abrirá un cuadro. En el espacio habilitado **Buscar** debemos poner el texto que queremos buscar en el documento y en **Remplazar con** debemos poner el texto por el que queremos reemplazar el texto buscado.

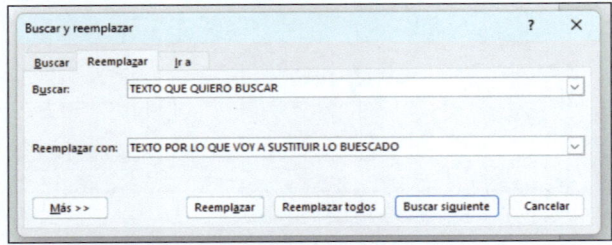

Cuadro para buscar y reemplazar palabras

Para proceder con el cambio de las palabras o frases, debes clicar en **Buscar siguiente** y te mostrará el texto donde esté la palabra buscada.

Vamos a ver cómo reemplazar la palabra o una parte del texto:

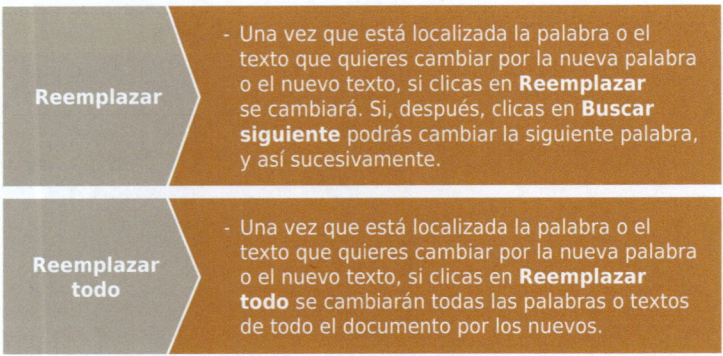

Reemplazar	- Una vez que está localizada la palabra o el texto que quieres cambiar por la nueva palabra o el nuevo texto, si clicas en **Reemplazar** se cambiará. Si, después, clicas en **Buscar siguiente** podrás cambiar la siguiente palabra, y así sucesivamente.
Reemplazar todo	- Una vez que está localizada la palabra o el texto que quieres cambiar por la nueva palabra o el nuevo texto, si clicas en **Reemplazar todo** se cambiarán todas las palabras o textos de todo el documento por los nuevos.

3. Cortar, copiar y pegar

David, haciendo su tesis, se ha dado cuenta de que hay párrafos que tiene que duplicar en otra parte del documento para organizar su texto. Para ello, va a usar las herramientas de cortar, copiar y pegar.

3.1. Cortar

En este apartado vamos a aprender cómo **cortar** un párrafo, una palabra, una imagen, una tabla, etc. Para ello, tenemos que posicionarnos en el párrafo que queremos cortar y seleccionarlo. La selección de un párrafo se realiza con el ratón. Colocamos el cursor en el inicio del párrafo, palabra, etc., que queremos cortar y pulsamos el botón derecho del ratón; sin soltarlo, vamos arrastrando el cursor por todo el párrafo. Una vez seleccionado el texto, este quedará sombreado; eso significa que ya está seleccionado.

👁 **EJEMPLO**

A continuación, puedes ver un ejemplo de cómo se ve la selección de un texto una vez seleccionado para ser cortado:

En este apartado vamos a estudiar como seleccionar un documento entero, parte de él o un objeto. Para ello tenemos que situarnos en el menú de arriba a la izquierda de la página principal.

📋 (Ctrl) ▾

Texto seleccionado con el ratón del ordenador

Ahora, pulsamos el botón izquierdo y clicamos en **Cortar;** una vez que pulsemos **Cortar,** el párrafo desaparecerá, pero estará guardado.

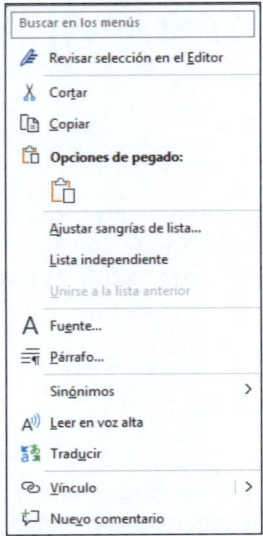

*Interfaz del botón izquierdo del
ratón del ordenador*

3.2. Copiar

En este apartado vamos a aprender a **copiar** un párrafo, una palabra, una imagen, una tabla, etc. Para ello, tenemos que posicionarnos en el párrafo que queremos copiar y seleccionarlo. La selección de un párrafo se realiza con el ratón. Colocamos el cursor en el inicio del párrafo, palabra, etc., que queremos copiar y pulsamos el botón derecho del ratón; sin soltarlo, vamos arrastrando el cursor por todo el párrafo. Una vez seleccionado, el texto estará sombreado; eso significa que ya está seleccionado.

👁 EJEMPLO

A continuación, puedes ver un ejemplo de cómo se ve la selección de un texto una vez seleccionado para ser copiado:

En este apartado vamos a estudiar como seleccionar un documento entero, parte de él o un objeto. Para ello tenemos que situarnos en el menú de arriba a la izquierda de la página principal.

Ahora pulsamos el botón izquierdo y seleccionamos **Copiar;** una vez que cliquemos en **Copiar,** el párrafo no desaparecerá y, además, quedará guardado.

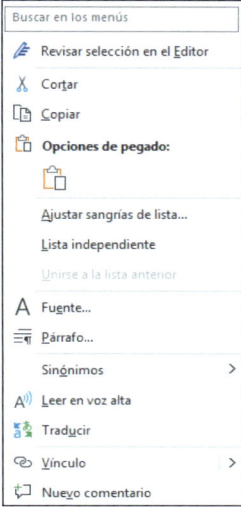

Interfaz del botón izquierdo del ratón del ordenador

3.3. Pegar

Después de haber cortado o copiado el texto, imagen, tabla, etc. nos situamos en la parte del documento donde queremos pegar el párrafo cortado o copiado. Fíjate en que el cursor esté parpadeando justo donde quieres pegar. Ahora, pulsamos el botón izquierdo, y nos saldrá el siguiente desplegable, con las opciones de pegado.

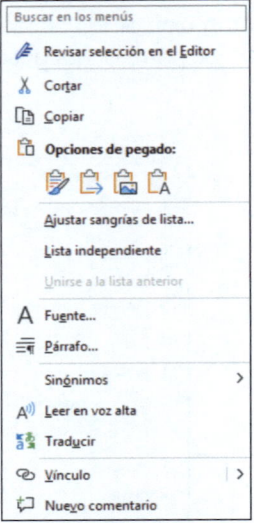

*Interfaz del botón izquierdo
del ratón del ordenador*

Veamos las distintas opciones de pegado:

● **Mantener formato de origen.** El texto se mantendrá exactamente igual que ha sido cortado.

● **Combinar formato.** El texto combinará el formato de origen con el de destino.

● **Imagen.** En este caso, hemos cortado una imagen y queremos pegarla igual que era en origen.

○ **Conservar solo texto.** Si hemos cortado un texto dentro de una tabla, se pegará solo el texto.

3.4. Ortografía y gramática

Cuando estamos editando un documento siempre podemos tener alguna falta de ortografía, pero con el procesador de textos de Word podemos evitarlo. Para ello, debemos posicionarnos en el menú **Revisar.**

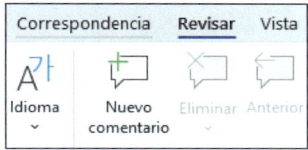

Interfaz del menú Revisar

Una vez cliquemos en **Revisar,** aparecerá debajo un submenú; ahora nos posicionamos en **Ortografía y gramática.**

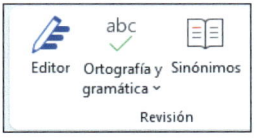

Interfaz del submenú del menú Revisar

Si clicamos, se abrirá un desplegable con las opciones **Ortografía** u **Ortografía y gramática.** Vamos a seleccionar **Ortografía.**

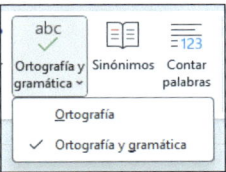

Interfaz del menú Ortografía y gramática

Una vez seleccionada, se abrirá una barra lateral izquierda en la que irán apareciendo todos los errores ortográficos y gramaticales que el procesador de textos ha detectado, y nos dará la opción de modificarlos o de aceptar que es correcto pulsando encima del *sticker* verde.

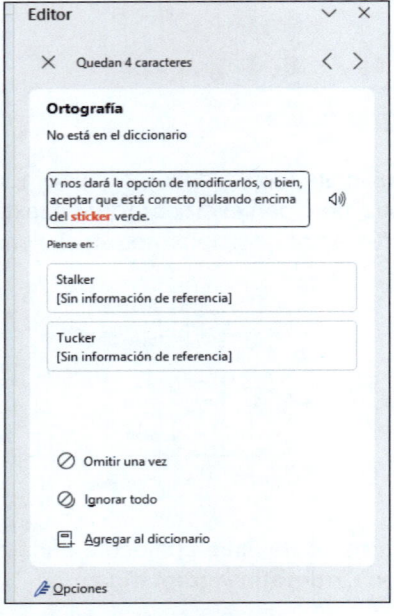

Cuadro de corrección ortográfica

Ahora seleccionamos Ortografía y gramática.

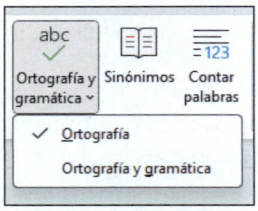

Interfaz del menú Ortografía y gramática

Una vez seleccionado, se nos abrirá una barra lateral izquierda en la que irán apareciendo todos los errores ortográficos y gramaticales que el procesador de textos ha detectado. Este nos dará la opción de modificarlos o de aceptar que son correctos pulsando encima del *sticker* verde. También puede llevarnos directamente a la palabra u oración que esté mal escrita y, clicando encima de la palabra con el botón derecho del ratón, se abrirá un desplegable con las opciones correctas. Clica encima y se cambiará automáticamente.

3.5. Autocorrección

El procesador de texto de Word tiene incluido por defecto el autocorrector; según vayas escribiendo tu documento, si te equivocas gramatical u ortográficamente, el autocorrector te irá sugiriendo la palabra o la gramática correcta. Para aceptar la corrección tienes que posicionarte encima de la palabra o la frase, que normalmente aparecerá subrayada de color rojo, si es falta ortográfica, o de color azul, si es falta gramatical. Una vez encima de la palabra, tienes que pulsar el botón derecho del ratón y te aparecerán las opciones recomendadas; clicando encima de una de ellas, la cambiarás.

👁 EJEMPLO

A continuación, puedes ver una palabra con una falta de ortografía y el desplegable con la palabra correcta.

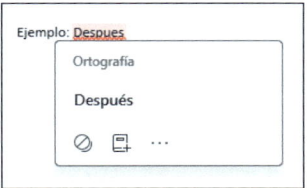

Ejemplo de una palabra con falta ortográfica

3.6. Sinónimos

Los **sinónimos** son palabras que tienen un **significado igual o muy parecido** a otro término, aunque se escriban de manera diferente.

Para buscar sinónimos, tenemos que ir al menú superior **Revisar;** al clicar en él, te aparecerá debajo un submenú.

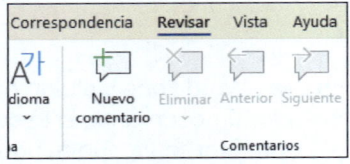

Interfaz del menú Revisar

En el submenú de abajo te aparecerá la opción **Sinónimos.**

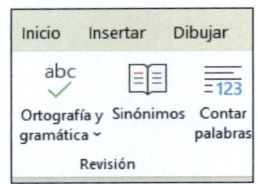

Interfaz del menú Revisar

Si clicas encima, te aparecerá un cuadro en el lado izquierdo de la pantalla. Solo tienes que posicionarte con el cursor dentro del recuadro, escribir la palabra que quieres reemplazar por un sinónimo y clicar **Intro.** Te aparecerá un listado con sinónimos de la palabra a reemplazar. En este caso, vamos a reemplazar la palabra "Casa".

*Resultados de la búsqueda
de la palabra "Casa"*

3.7. Control de cambios

El Control de cambios de Word sirve para revisar y registrar las modificaciones que se hacen en un documento. Con esta herramienta, cada vez que alguien agrega, elimina o edita texto, el programa lo marca con un color o comentario, de modo que otros puedan ver qué se ha cambiado. Es muy útil para el trabajo colaborativo, ya que permite que varias personas editen un mismo documento sin perder la información original, facilitando la revisión, corrección y aprobación final del texto.

Para activar el Control de cambios, debemos de ir al menú **Revisar.**

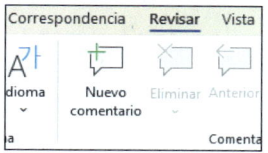

Interfaz del menú Revisar

Si clicamos en **Revisar,** nos aparecerá un submenú con las distintas opciones.

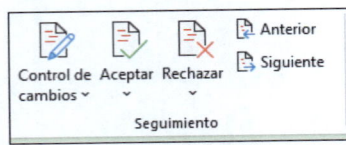

Interfaz del submenú Revisar

Al clicar en el icono **Control de cambios,** se abrirá un desplegable.

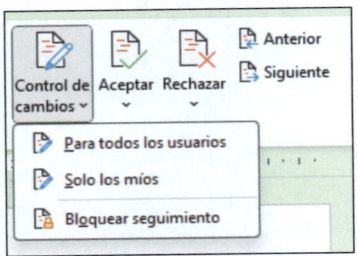

Interfaz del submenú Seguimiento

Veamos ahora para qué sirve cada opción del control de cambios:

➲ **Control de cambios: para todos los usuarios.** Esta opción permite que otros usuarios hagan cambios en un documento que previamente ha sido compartido en línea con ellos.
Al seleccionarlo, te aparecerá, arriba a la derecha, un icono con la palabra **Revisión** con distintas opciones: **Edición, Revisión** o **Visualización.**

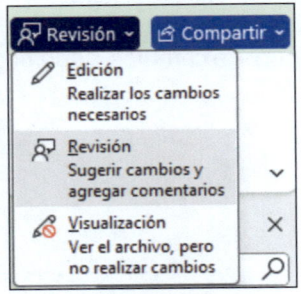

⮑ **Control de cambios: solo los míos.** Esta opción permite ver los cambios que vas realizando en tu documento.

Al seleccionarla, te aparecerá, arriba a la derecha, un icono con la palabra **Edición** con distintas opciones: **Edición, Revisión** o **Visualización.**

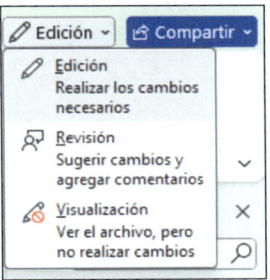

⮑ **Control de cambios: bloquear seguimiento.** Sirve para desactivar el control de cambios compartido con otros usuarios. El uso de la contraseña evita que otros usuarios desactiven el control de cambios.

⮑ **Aceptar.** Esta opción mantiene el cambio y va al siguiente.

Si clicamos encima, nos aparecerá un desplegable con más opciones: **Aceptar todos los cambios, Aceptar todos los cambios y detener seguimiento,** etc.

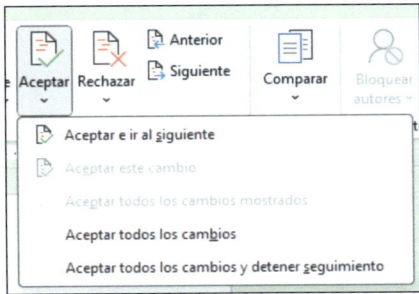

⮑ **Rechazar.** Esta opción deshace el cambio y va al siguiente.

Si clicamos encima nos aparecerá un desplegable con más opciones: **Rechazar todos los cambios, Rechazar todos los cambios y detener seguimiento,** etc.

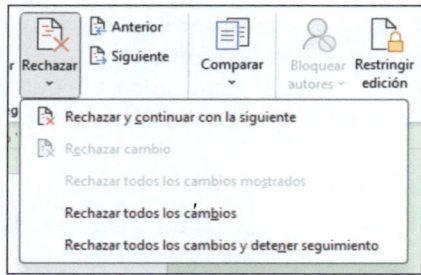

- ⮑ **Anterior.** Salta a la marca de revisión anterior.
- ⮑ **Siguiente.** Salta a la marca de revisión siguiente.

👁 EJEMPLO

A continuación, puedes ver un ejemplo de cómo quedaría el Control de cambios en un documento una vez lo hemos activado.

> El control de cambios de Word sirve para revisar y registrar las modificaciones que se hacen en un documento. Con esta herramienta, cada vez que alguien agrega, elimina o edita texto, el programa lo marca con un color o comentario, de modo que otros puedan ver qué se ha cambiado. Es muy útil para el trabajo colaborativo, ya que permite que varias personas editen un mismo documento sin perder la información original, facilitando la revisión, ~~corrección~~ y aprobación final del texto. Así quedaría el control de cambios

⚒ APLICACIÓN PRÁCTICA

El tutor de David está corrigiendo su trabajo de posgrado y, para ello, ambos comparten el documento y tienen activado Control de cambios. En este caso, David no está de acuerdo con un cambio que su profesor le ha indicado. ¿Cómo debería proceder David para rechazar el cambio?

Solución

David tendría que rechazar e ir al siguiente, ya que esta opción deshace el cambio que ha realizado el tutor sobre el documento de posgrado de David y va al siguiente cambio.

4. Traductor

☞ **HILO CONDUCTOR**

Ahora David quiere traducir su tesis en otros idiomas, ya que debe presentarla en inglés. Para ello, utilizará las herramientas de Word de traducción e idiomas.

Un traductor sirve para convertir un texto o mensaje de un idioma a otro, con el fin de que pueda ser entendido por personas que hablan diferentes lenguas.

Para traducir tus textos tienes que posicionarte en el menú superior **Revisar.**

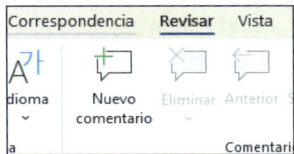

Interfaz del menú Revisar

Si clicas encima, te aparecerá un submenú con las opciones: **Traducir** e **Idioma.**

Submenú de Idioma

Si clicamos en **Traducir,** nos aparecerá otro submenú:

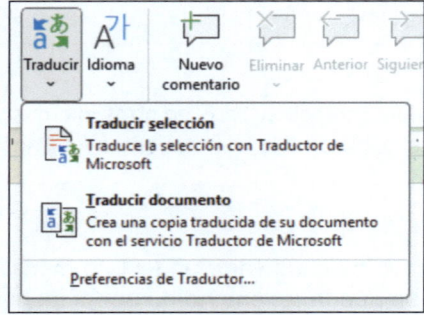

Interfaz del submenú Traducir

El traductor de idiomas presenta las siguientes opciones:

➲ **Traducir selección.** Si clicas en esta opción, te aparecerá un cuadro, a la derecha, en el que podrás copiar un texto y elegir el idioma en el que quieres que se traduzca.

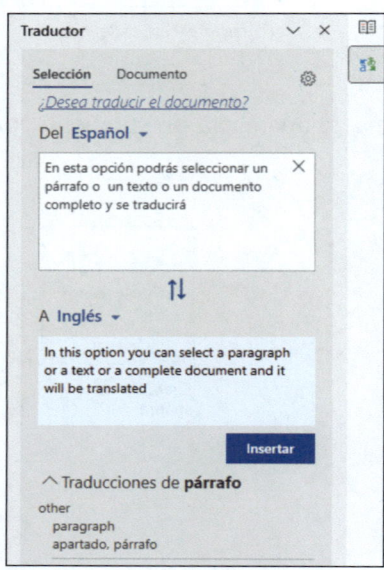

⮞ **Traducir documento.** Si clicas en esta opción, te aparecerá un cuadro, a la derecha, en el que podrás traducir el documento entero y elegir el idioma en el que quieres que se traduzca.

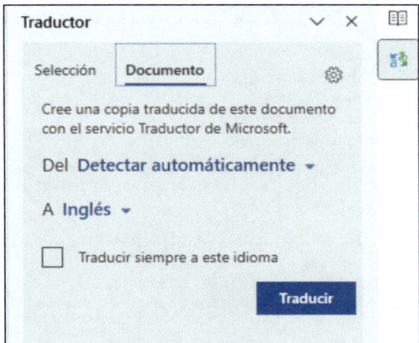

4.1. Idiomas

En el mismo submenú también tienes la opción **Idioma.** Clicando encima te aparecerá un submenú y podrás cambiar el idioma en el que quieres que se haga la autocorrección; solo tienes que posicionarte encima y clicar.

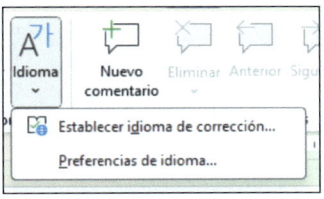

Interfaz del submenú Idioma

Una vez que clicas en **Establecer idioma de corrección,** te aparecerá un cuadro con todos los idiomas predeterminados de *Microsoft.* Selecciona el que te interese.

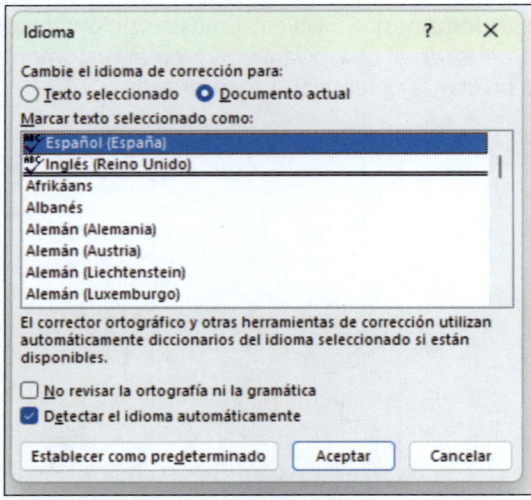

Cuadro de idioma

 ACTIVIDAD COMPLEMENTARIA

4. Imagina que recibes un documento con texto desordenado, sin formato y difícil de leer. Responde a las siguientes cuestiones:

   a. ¿Qué pasos seguirías para editarlo y mejorar su presentación?
   b. ¿Qué herramientas de Word usarías (copiar, cortar, pegar, buscar y reemplazar, revisar ortografía, etc.)?
   c. ¿Qué errores comunes crees que se deben evitar al editar un documento?

5. Resumen

La edición de documentos en Word consiste en modificar, mejorar y corregir un texto para hacerlo más claro y adecuado a su propósito.

Entre las herramientas principales están:

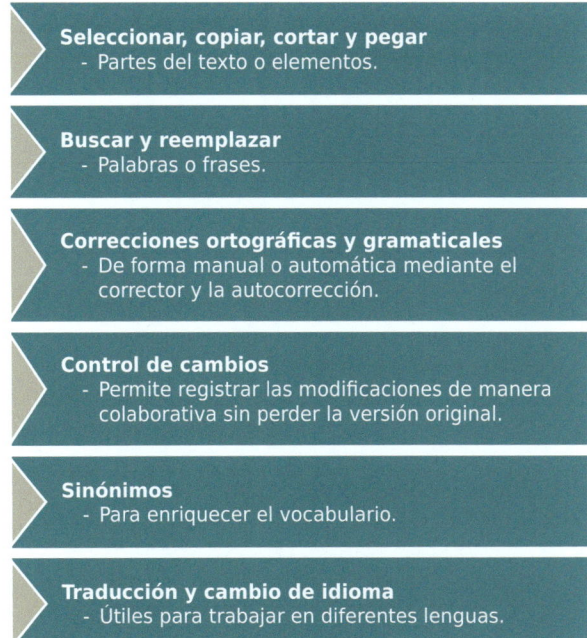

Seleccionar, copiar, cortar y pegar
- Partes del texto o elementos.

Buscar y reemplazar
- Palabras o frases.

Correcciones ortográficas y gramaticales
- De forma manual o automática mediante el corrector y la autocorrección.

Control de cambios
- Permite registrar las modificaciones de manera colaborativa sin perder la versión original.

Sinónimos
- Para enriquecer el vocabulario.

Traducción y cambio de idioma
- Útiles para trabajar en diferentes lenguas.

En pocas palabras, estas funciones permiten trabajar de forma más eficiente, corregir errores y facilitar la colaboración en documentos.

Ejercicios de autoevaluación
Unidad de Aprendizaje 4

1. **¿Qué acciones tienes que hacer para seleccionar todo el texto de un documento?**

   a. Tengo que seleccionar el menú superior Inicio y, después, en el submenú Edición, clicar en Seleccionar y Seleccionar todo.
   b. Tengo que seleccionar el menú superior Inicio y, después, en el submenú Edición, clicar en Seleccionar y Seleccionar objetos.
   c. Tengo que seleccionar el menú superior Insertar y, después, en el submenú Edición, clicar en Seleccionar y Seleccionar todo.
   d. Tengo que seleccionar el menú superior Insertar y, después, en el submenú Edición, clicar en Seleccionar y Seleccionar objetos.

2. **Imagina que has cortado una imagen y que la quieres pegar en la mitad de la página de tu documento. ¿Qué pasos tienes que seguir para pegar la imagen?**

   a. Tengo que situarme donde quiero pegar la imagen, clicar en el botón derecho y, en el desplegable, seleccionar Pegar imagen.
   b. Tengo que situarme donde quiero pegar la imagen, clicar en el botón izquierdo y, en el desplegable, seleccionar Pegar imagen.
   c. Tengo que situarme donde quiero pegar la imagen, clicar en el botón derecho y, en el desplegable, seleccionar Combinar formato de origen.
   d. Tengo que situarme donde quiero pegar la imagen, clicar en el botón izquierdo y, en el desplegable, seleccionar Combinar formato de origen.

3. **¿Qué acciones tienes que realizar para corregir gramaticalmente tu texto de Word?**

   a. Tengo que seleccionar el menú superior Vista y, después, clicar en Ortografía.
   b. Tengo que seleccionar el menú superior Referencias y, después, clicar en Ortografía.
   c. Tengo que seleccionar el menú superior Revisar y, después, clicar en Ortografía.
   d. Todas las opciones son incorrectas.

4. ¿Qué acciones tienes que realizar para modificar una palabra por otra de igual significado?

    a. Tengo que seleccionar el menú superior Revisar y, después, clicar en Sinónimos y escribir en el recuadro la palabra que quiero sustituir.

    b. Tengo que seleccionar el menú superior Vista y, después, clicar en Sinónimos y escribir en el recuadro la palabra que quiero sustituir.

    c. Tengo que seleccionar el menú superior Referencias y, después, clicar en Sinónimos y escribir en el recuadro la palabra que quiero sustituir.

    d. Todas las opciones son incorrectas.

5. Imagina que has escrito un informe y que tu jefe, que habla poco español, te pide que se lo traduzcas al inglés. ¿Cómo lo harías?

    a. Iría al menú superior Revisar, después seleccionaría Traductor y, luego, Traducir documento.

    b. Iría al menú superior Revisar, después seleccionaría Traductor y, luego, Traducir selección.

    c. Iría al menú superior Revisar, después seleccionaría Idioma y, luego, Establecer idioma de corrección.

    d. Iría al menú superior Vista, después seleccionaría Idioma y, luego, Establecer idioma de corrección.

Gestión de documentos

Contenido

Objetivos

Los objetivos generales de esta Unidad de Aprendizaje son:

→ Diseñar páginas, cambiar márgenes, editar en varias columnas.

→ Insertar cabeceras y pies de página.

→ Trabajar con citas bibliográficas.

Los objetivos específicos de esta Unidad de Aprendizaje son:

→ Insertar número de páginas.

→ Crear encabezados y pies de página.

→ Modificar encabezados y pies de página.

→ Insertar notas al pie y al final del documento.

→ Cambiar márgenes.

→ Editar en varias columnas.

1. Introducción

El procesador de textos de Word posee distintas herramientas que te permiten ordenar de una forma fácil el contenido del documento numerando las páginas; además, ofrece la posibilidad de insertar encabezados y notas al pie.

En esta lección aprenderás cómo saltar de una página a otra, cambiar de sección, insertar número de página, y crear o modificar un encabezado y un pie de página.

Para introducirnos en los conceptos, David, nuestro estudiante de posgrado, va a necesitar introducir notas al pie de página y un encabezado, ajustar los márgenes y editar en varias columnas para darle forma a su documento, por lo que seguiremos su ejemplo.

2. Salto de página

👉 **HILO CONDUCTOR**

David, nuestro alumno de posgrado, tiene que dar forma a su tesis doctoral con saltos de páginas e incluir notas a pie de página, como bibliografías. Para ello, va a utilizar las distintas herramientas del procesador de texto Word.

Esta opción te permite cambiar el texto de una página a la siguiente sin necesidad de tener que clicar **Intro** para ello.

En el menú de arriba a la derecha, en el apartado **Disposición,** encontrarás las herramientas necesarias para modificar tu Word.

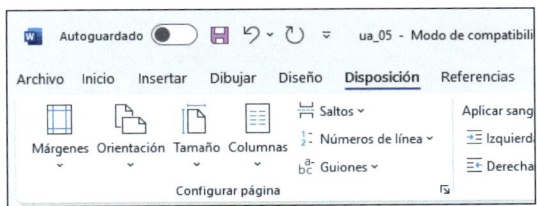

Interfaz del menú Disposición

Si clicas encima de **Disposición,** te aparecerá un submenú. Justo debajo, tienes la opción de **Saltos** y, si clicas encima, te aparecerá un menú desplegable con las distintas opciones de **Saltos de página.**

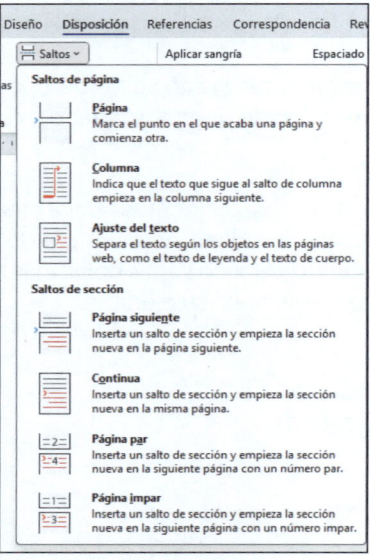

Interfaz del menú Saltos

Una vez que hayas posicionado el cursor al final del párrafo y al inicio del texto que quieres mover a la página siguiente, debes pulsar en **Página** y el texto se moverá a la siguiente página.

2.1. Salto de sección

Esta opción te permite cambiar de sección.

 **EJEMPLO**

Si estás realizando un documento con portada, índice y contenido, al realizar un **Salto de sección,** cada elemento será independiente al otro, por lo que la portada no tendrá n.º de página, el índice tendrá su propia numeración y el contenido también.

En el menú de arriba a la derecha, en el apartado **Disposición,** encontrarás las herramientas necesarias para realizar un cambio de sección.

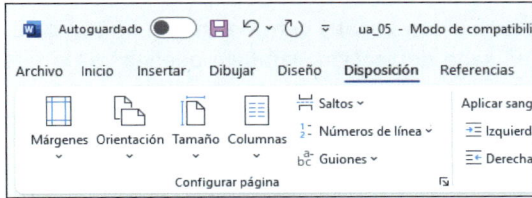

Interfaz del menú Disposición

Si clicas encima de **Disposición,** te aparecerá un submenú; justo debajo tienes la opción **Saltos** y, si clicas encima, te aparecerá un desplegable con las distintas opciones.

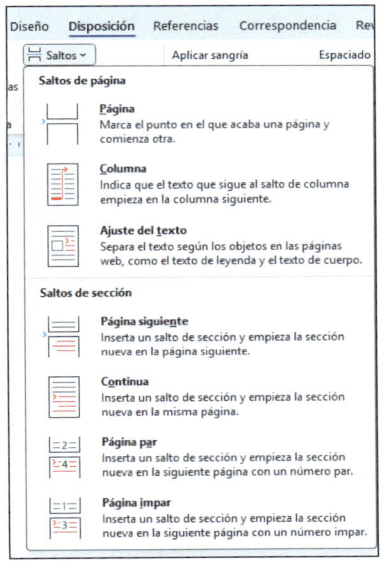

Interfaz del menú Saltos

Una vez que hayas posicionado el cursor al final de la página donde quieres hacer un cambio de sección, debes pulsar en **Página siguiente** y todos los elementos se moverán a la siguiente página.

VÍDEO

En el siguiente vídeo puedes ver un ejemplo de cómo se realizan un salto de página y un salto de sección. También puedes ver la diferencia entre ambos conceptos.

https://redirectoronline.com/wordbasico0501

2.2. Crear un encabezado

Para crear un **encabezado** tienes que ir al menú superior derecho y clicar en **Insertar.**

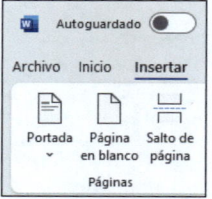

Interfaz del menú Insertar

Justo debajo, te aparecerá un submenú y, en la parte central de la pantalla, te aparecerá la opción **Encabezado.**

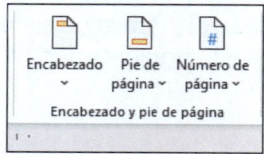

Submenú de Insertar

Si clicas encima, se abrirá un desplegable con distintos formatos de encabezados; puedes seleccionar uno de ellos, o bien editar tu encabezado. La opción de editar encabezado te aparecerá al final del desplegable.

Interfaz de Encabezado

Si clicas encima del **Editar encabezado,** se abrirá una página con un encabezado en blanco. Ahora solo tienes que posicionarte dentro con el cursor y escribir tu encabezado.

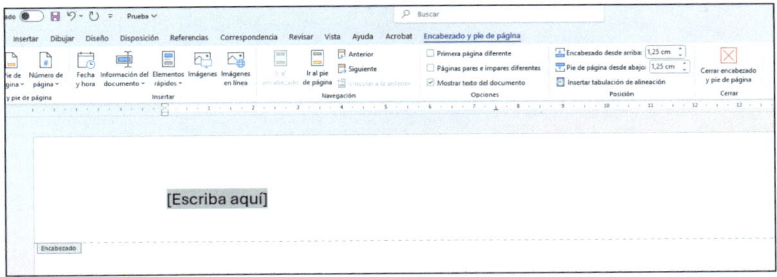

Espacio para escribir el encabezado

 **EJEMPLO**

Un **encabezado** puede variar según el contexto (escolar, profesional, administrativo, digital, etc.), pero, en general, contiene información que identifica el documento. Esta información puede ser el nombre del profesor, del alumno, de la empresa o institución, el nombre de la asignatura, el logotipo de una empresa, los datos de dirección de una empresa, etc.

Puedes seleccionar dónde quieres que aparezca: primera página diferente, páginas pares e impares diferentes o mostrar texto del documento; solo tienes que seleccionar la opción que más te interese.

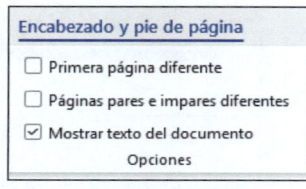

Interfaz de Encabezado y pie de página

También puedes mover la disposición del texto del encabezado dando más o menos margen arriba. Para ello, debes clicar en las flechas.

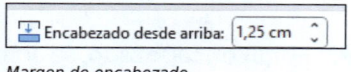

Margen de encabezado

Una vez que hayas escrito y configurado las opciones, tienes que clicar en la opción **Cerrar** y volverás a tu documento de Word.

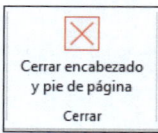

Botón de cierre del encabezado y pie de página

2.3. Crear un pie de página

Para crear un **pie de página,** tienes que ir al menú superior derecho y clicar en **Insertar.**

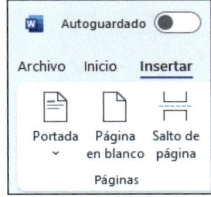

Interfaz del menú Insertar

Justo debajo, te aparecerá un submenú y, en la parte central, te aparecerá la opción **Pie de página.**

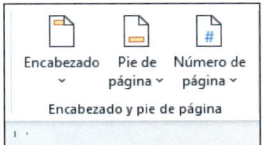

Submenú de Insertar

Si clicas encima, se abrirá un desplegable con distintos formatos de pie de página; puedes seleccionar uno de ellos, o bien editar tu pie de página. La opción de editar pie de página te aparecerá al final del desplegable.

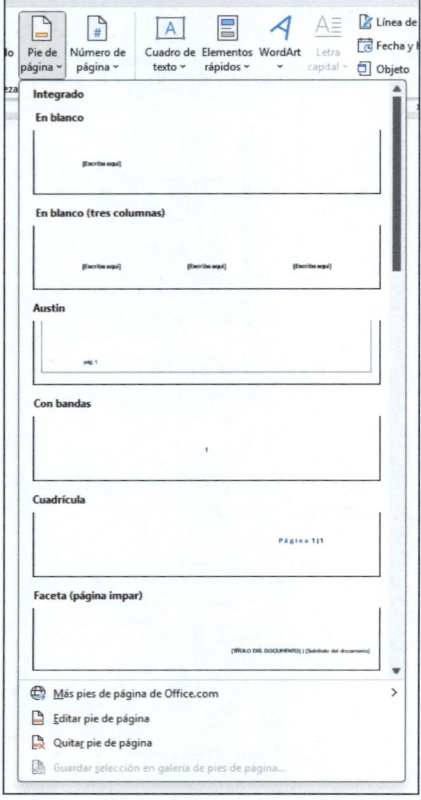

Interfaz del Pie de página

Si clicas encima de **Pie de página,** se abrirá una página con un encabezado en blanco. Ahora solo tienes que posicionarte dentro con el cursor y escribir tu pie de página.

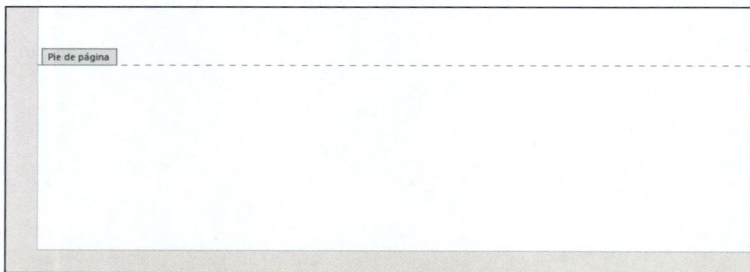

Espacio para escribir el pie de página

Puedes seleccionar dónde quieres que aparezca: primera página diferente, páginas pares e impares diferentes o mostrar texto del documento; solo tienes que seleccionar la opción que más te interese.

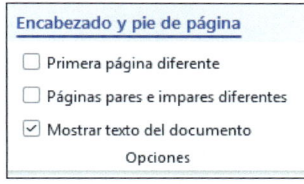

Interfaz de Encabezado y pie de página

También puedes mover la disposición del texto dando más o menos margen arriba. Para ello, debes clicar en las flechas.

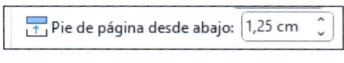

Margen de pie de página

Una vez que hayas escrito y configurado las opciones, tienes que clicar en la opción **Cerrar** y volverás a tu documento de Word.

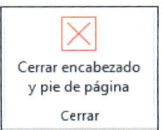

Botón de cierre del encabezado y pie de página

Ahora vamos a ver para qué sirve la interfaz **Encabezado y pie de página:**

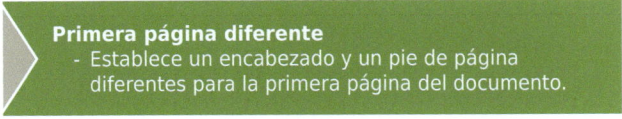

Primera página diferente
- Establece un encabezado y un pie de página diferentes para la primera página del documento.

Continúa en página siguiente >>

<< Viene de página anterior

Páginas pares e impares diferentes
- Especifica que las páginas impares deberían tener un encabezado y un pie de página diferentes de los de las páginas pares.

Mostrar texto del documento
- Muestra el documento que no está en el encabezado o pie de página. Se debe desactivar esta opción si solo se desea ver el encabezado y el pie de página.

2.4. Modificar un encabezado y un pie de página

Para modificar el encabezado o el pie de página, solo tenemos que colocarnos encima de ellos y clicar dos veces. Así se activará la opción y, de esta forma, podremos cambiar el texto.

 **EJEMPLO**

En este ejemplo podemos ver que, una vez hemos escrito el encabezado y hemos dado a cerrar, el color del texto del encabezado se ve ensombrecido. Ya no podemos escribir en él. Y así se verá en todas las partes del documento que hayamos seleccionado.

Este es mi encabezado

 **EJEMPLO**

En este ejemplo podemos ver el texto de un encabezado cuando estamos modificándolo, antes de darle a **Cerrar.** Podemos escribir en él y el color del texto se ve vivo.

Una vez modificado el **Encabezado** o el **Pie de página,** tenemos que clicar en **Cerrar** para guardar los cambios que hayamos hecho en el texto.

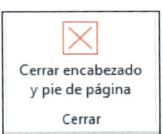

Botón de cierre del encabezado y pie de página

2.5. Insertar número de página

Para insertar un **número de página** tienes que ir al menú superior derecho y clicar en **Insertar.**

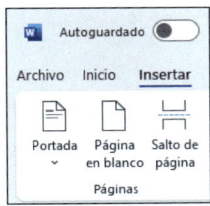

Interfaz del menú Insertar

Justo debajo te aparecerá un submenú y, en la parte central, te aparecerá la opción **Número de página.**

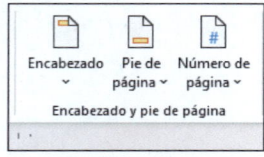

Submenú de Insertar

Si clicas encima, se abrirá un desplegable con distintas opciones.

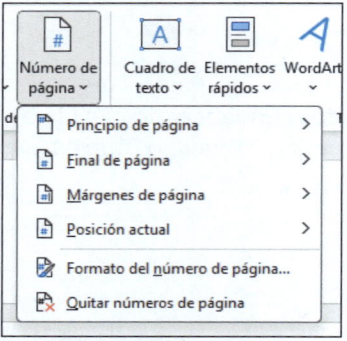

Submenú de Número de página

A continuación, vamos a ver las opciones en detalle:

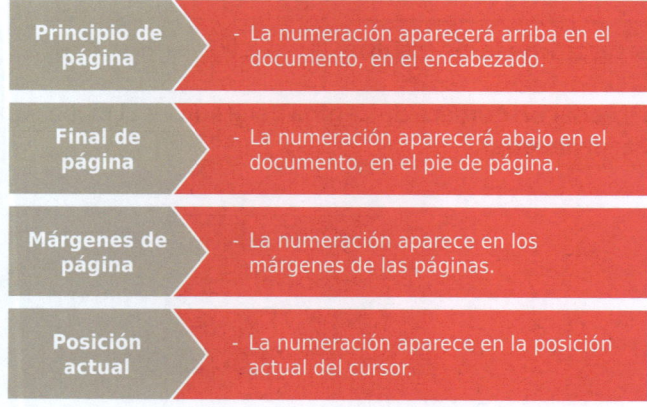

Continúa en página siguiente >>

<< Viene de página anterior

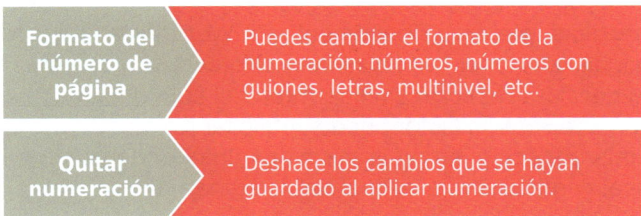

Formato del número de página	- Puedes cambiar el formato de la numeración: números, números con guiones, letras, multinivel, etc.
Quitar numeración	- Deshace los cambios que se hayan guardado al aplicar numeración.

En las opciones anteriores, una vez seleccionada una de ellas, te aparecerá un desplegable a la derecha con distintos formatos a elegir. La numeración puede aparecer a la derecha, centrada, o bien a la izquierda. También puede aparecer con formas: círculo, rectángulo u otras figuras.

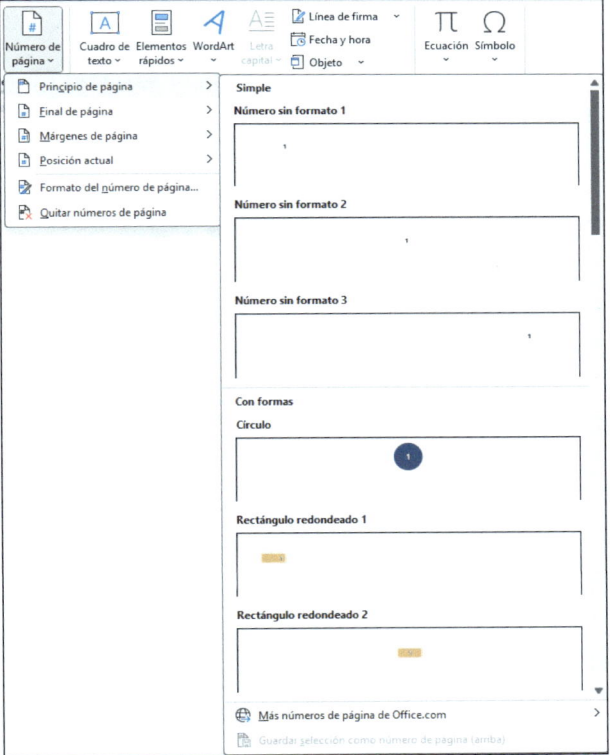

Submenú de Principio de página

2.6. Notas al pie y al final del documento

Las **notas al pie** en un documento de Word sirven para proporcionar información adicional, explicaciones, referencias o comentarios sobre partes específicas del texto sin interrumpir el flujo de la lectura principal; son comentarios que el lector puede consultar sin tener que ir a otra parte del documento. Aparecen en la misma página donde se hace la referencia y, generalmente, se sitúan al final de la página.

 **EJEMPLO**

En un ensayo académico, se añade una cita con referencia bibliográfica en la parte inferior de esa página.

Para ello, tenemos que posicionarnos en el menú de arriba en el centro y clicar encima de **Referencias;** aparecerá un submenú abajo.

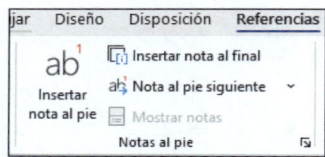

Submenú de Referencias

Para **Insertar notas al pie de página** tenemos que clicar sobre el icono y, debajo del documento, nos aparecerá un cuadro numerado para poder añadir texto.

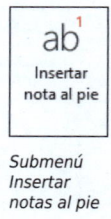

*Submenú
Insertar
notas al pie*

👁 EJEMPLO

En este ejemplo se muestra cómo quedaría una nota insertada al pie:

> _____
>
> ¹ Esto es un ejemplo de como se vería esta sección|

Las **notas al final del documento** Word, también conocidas como notas finales, sirven para proporcionar información adicional, explicaciones, citas o referencias sobre elementos específicos del texto principal, sin interrumpir su flujo. Estas notas se ubican al final del documento o de una sección, a diferencia de las notas al final de página, que aparecen al final de cada página.

👁 EJEMPLO

En una novela, el autor coloca explicaciones históricas o referencias al final del libro para no distraer al lector.

Si lo que queremos es insertar notas al final del documento, tenemos que clicar en la opción Insertar nota al final.

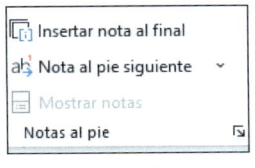

Submenú del menú Referencias

Y aparecerá arriba del documento un cuadro numerado para poder escribir en él.

 **EJEMPLO**

A continuación, puedes ver un ejemplo de cómo quedaría una nota insertada al final:

2ii

_____

i |
ii Este es un ejemplo de cómo se vería en nuestro documento

 ACTIVIDAD COMPLEMENTARIA

5. Imagina que estás creando un documento extenso (como un informe o manual) y que necesitas organizarlo correctamente.

   Responde:

   a. ¿Cómo utilizarías los saltos de página y de sección para estructurar el contenido?
   b. ¿Qué elementos incluirías en el encabezado y pie de página para facilitar la lectura del documento?
   c. ¿Has insertado números de página o notas al pie en algún documento? ¿Cómo fue tu experiencia?
   d. ¿Qué errores comunes crees que se deben evitar al gestionar la estructura de un documento?

3. Cambiar márgenes

 HILO CONDUCTOR

David sigue dando forma a su tesis. Ahora tiene que imprimir el documento para que sea maquetado como un libro, por lo que va a necesitar establecer los márgenes adecuados para que se ajuste bien con el encuadernado.

La función de los márgenes es evitar que las palabras queden pegadas al borde de la hoja, y hacen que el texto se vea más limpio y legible. También permiten anotaciones o correcciones en trabajos escolares o académicos, ya que los márgenes laterales sirven para que los profesores escriban observaciones. También facilitan la encuadernación.

 EJEMPLO

Cuando un documento se imprime y se engrapa, anilla o empasta, se necesita espacio (margen interior) para que no se pierda texto.

SABÍAS QUE...

En universidades, editoriales o instituciones, muchas veces piden márgenes específicos (por ejemplo, APA, MLA, normas de la escuela, etc.) para cumplir las normas de formato.

Para poder configurar nuestros márgenes, debemos ir al menú **Disposición.**

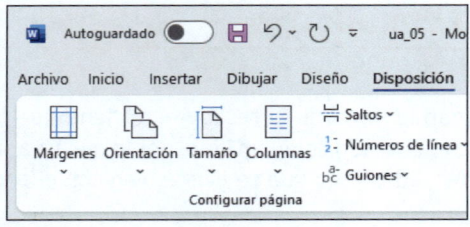

Una vez hemos clicado en el menú **Disposición,** nos aparecerá un submenú con la opción **Márgenes.**

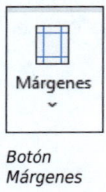

Botón
Márgenes

Si clicamos encima, nos aparece un desplegable con las distintas opciones de márgenes.

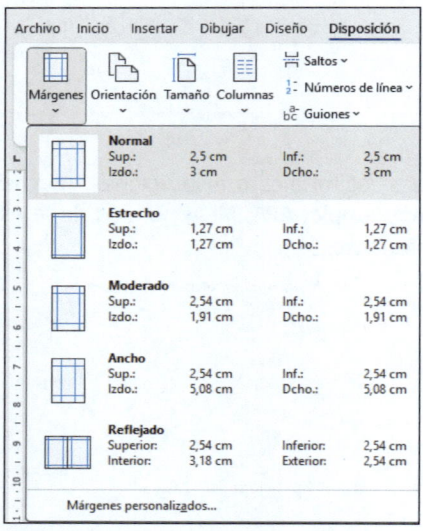

Interfaz de Márgenes

Ahora vamos a ver para qué sirve cada una de las configuraciones:

Margen normal	- En Word (2,54 cm en todos los lados: superior, inferior, izquierdo y derecho) es el ajuste predeterminado y se utiliza en la mayoría de los casos porque es un estándar universal.
Margen estrecho	- En Word (1,27 cm en todos los lados) se usa cuando se necesita aprovechar al máximo el espacio de la hoja.
Margen moderado	- En Word (superior e inferior de 2,54 cm y laterales de 1,91 cm) se usa como un punto intermedio entre el margen normal y el estrecho.
Margen ancho	- En Word (superior e inferior de 2,54 cm y laterales de 5,08 cm) se usa cuando se necesita dejar más espacio libre en los costados de la hoja.
Margen reflejado	- En Word se utiliza cuando un documento va a imprimirse por ambos lados (dúplex) y luego se va a encuadernar.
Margen personalizado	- En Word se utiliza cuando los márgenes predefinidos (normal, estrecho, moderado, ancho y reflejado) no se ajustan a las necesidades específicas del documento.

Cuando ninguno de los márgenes se adapta a nuestras necesidades, tenemos la opción de personalizarlo. Para ello, debemos de clicar en la opción **Margen personalizado,** situada abajo del todo del cuadro de configuración de márgenes.

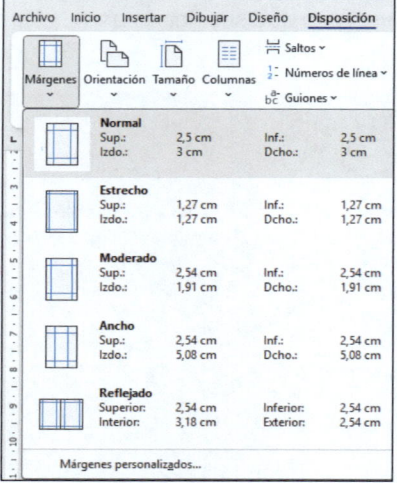

Interfaz de Márgenes

Si clicamos en **Márgenes personalizados,** se nos abrirá un cuadro con las distintas opciones. Podemos ajustar los márgenes: superior, inferior, izquierdo, derecho, encuadernación y posición del margen interno de forma manual clicando en las flechitas. También podemos seleccionar la posición del folio en horizontal o vertical.

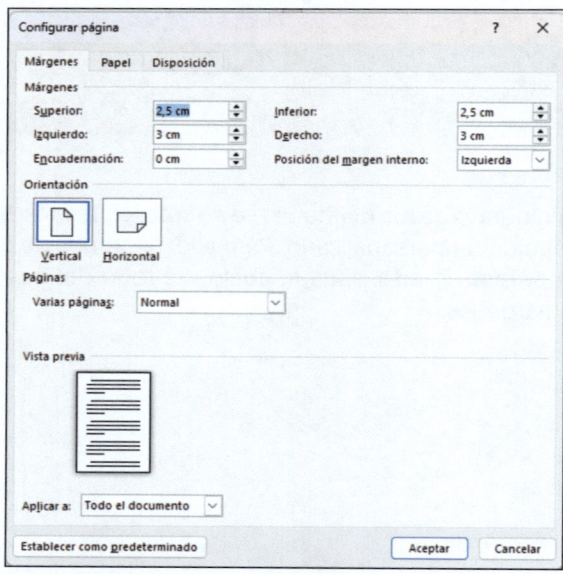

Interfaz de Márgenes personalizados

4. Editar en varias columnas

☞ HILO CONDUCTOR

David quiere insertar en su tesis una información relevante relacionada con el experimento que ha realizado y, para ello, ha decidido incluirla en el documento de forma que aparezca en varias columnas.

- -

El uso de varias columnas en un documento sirve para organizar y presentar el texto de forma más clara y profesional, especialmente cuando se quiere aprovechar mejor el espacio horizontal de la página.

👁 EJEMPLO

Algunos ejemplos de usos de escritos en varias columnas son: periódicos, revistas, boletines, folletos o trípticos y documentos técnicos o académicos.

- -

Para dividir una hoja del documento en varias columnas, debemos de ir al menú **Disposición.**

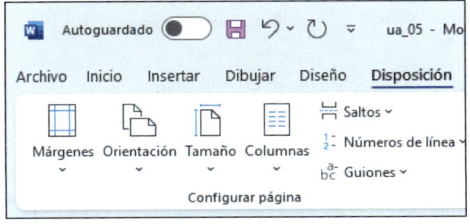

Menú Disposición

Si clicamos en el menú **Disposición,** nos aparecerá el submenú con la opción **Columnas.**

Botón
Columnas

Si clicamos en el botón **Columnas,** se abrirá un desplegable con las distintas opciones de columnas; se puede seleccionar entre una, dos, tres, derecha e izquierda.

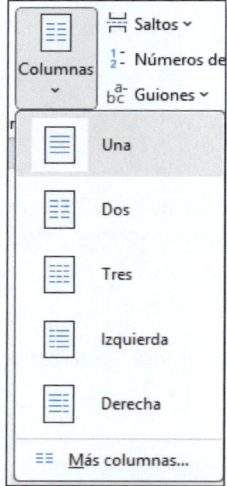

Veamos para qué sirven estas opciones:

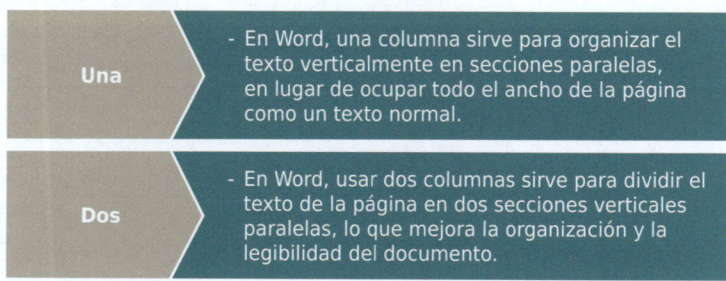

Continúa en página siguiente >>

<< Viene de página anterior

Tres	- En Word, usar tres columnas sirve para dividir el texto en tres secciones verticales, lo que es útil para organizar información de manera más compacta y visualmente atractiva.
Derecha	- En Word, la opción de columna derecha no es un tipo de columna independiente, sino una alineación o distribución de columnas donde el contenido principal se ajusta a la izquierda y se deja una columna más estrecha a la derecha. Esto se utiliza principalmente para anotaciones, comentarios o elementos secundarios.
Izquierda	- En Word, una columna a la izquierda se utiliza para colocar contenido en un margen o sección lateral izquierda de la página, separando el texto principal del material secundario o complementario.
Más columnas	- En Word, la opción **Más columnas** sirve para personalizar la distribución del texto en varias columnas, más allá de las opciones predeterminadas (una, dos o tres columnas).

Si las columnas predeterminadas no se ajustan a tus necesidades, puedes clicar en la opción **Más columnas** y se abrirá un cuadro donde podrás elegir el número de columnas que quieres poner, el ancho de la columna y el espacio entre ellas. Solo tienes que clicar en las flechitas y ajustar la configuración; después, clica en **Aceptar** y los cambios se guardarán.

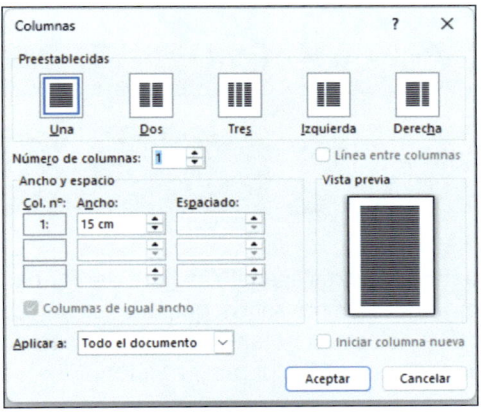

Cuadro con el menú Más columnas

 **TAREA 4**

David está terminando su tesis y se dispone a darle forma al documento que ha elaborado. Para ello, tiene numerar las páginas, añadir encabezados e incluir bibliografías, además de incluir los comentarios al final del documento y hacer los saltos de página correspondientes, ya que tiene el documento desordenado. ¿Podrías ayudarle a realizar estas acciones? ¿Cómo lo harías?

Tu tarea es indicarle cómo debe insertar los distintos elementos en su tesis. Para ello, debes seguir los siguientes pasos:

1. Insertar el número de página en todo el documento al final de la página.
2. Crear el encabezado.
3. Añadir bibliografías.
4. Realizar los saltos de página.

5. Resumen

En Word puedes modificar márgenes, trabajar en columnas, numerar páginas e insertar encabezados, pies de página, notas y bibliografías.

Entre las herramientas principales están:

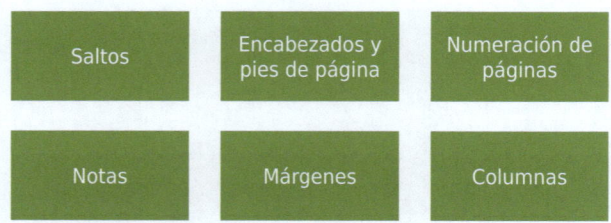

Word ofrece herramientas esenciales para dar formato profesional a los documentos: organización por saltos, personalización con encabezados y pies de página, referencias con notas y bibliografías, así como control de márgenes y columnas para una mejor presentación.

Ejercicios de autoevaluación
Unidad de Aprendizaje 5

1. **¿Cuál es la diferencia principal entre un salto de página y un salto de sección en Word?**

    a. Ambos llevan el texto a la página siguiente, no hay diferencia.
    b. El salto de página mueve texto a otra página; el salto de sección permite tener formatos independientes.
    c. El salto de sección solo sirve para numerar páginas.
    d. El salto de página elimina todo el âformato del documento.

2. **Para crear un encabezado en Word, debes ir al menú:**

    a. Disposición → Encabezado
    b. Referencias → Encabezado
    c. Insertar → Encabezado
    d. Diseño → Encabezado

3. **¿Dónde aparecen las notas al pie en un documento de Word?**

    a. Al final del documento
    b. En el margen lateral izquierdo
    c. En la parte superior de la página
    d. Al final de la misma página donde se hizo la referencia

4. **¿Cuál es la función principal de los márgenes en un documento?**

    a. Cambiar el tamaño de la fuente automáticamente.
    b. Dar espacio para la encuadernación y las anotaciones, y mejorar la legibilidad.
    c. Alinear el texto a la derecha.
    d. Insertar imágenes en el borde de la hoja.

5. **¿Cómo puedes organizar un texto en varias columnas en Word?**

    a. Insertar → Columnas
    b. Disposición → Columnas
    c. Referencias → Columnas
    d. Diseño → Columnas

Tablas e imágenes

Contenido

Objetivos

El objetivo general de esta Unidad de Aprendizaje es:

→ Insertar y trabajar con objetos como imágenes, formas y tablas.

Los objetivos específicos de esta Unidad de Aprendizaje son:

→ Crear una tabla.

→ Modificar una tabla.

→ Insertar imágenes y formas.

→ Modificar el formato de la forma.

1. Introducción

Cuando trabajamos en un documento de Word, no todo se trata de escribir texto. Muchas veces necesitamos organizar información o hacerla más atractiva para que sea fácil de entender. Para eso, Word nos ofrece herramientas muy útiles, como las tablas y las imágenes.

Las tablas nos ayudan a ordenar datos en filas y columnas, como si fueran cuadritos, para que la información quede clara y ordenada. Podemos usar una tabla para hacer horarios, listas o pequeños cálculos.

Las imágenes, en cambio, permiten que nuestros documentos no sean solo texto, sino que tengan un apoyo visual que los haga más llamativos e interesantes. Además, podemos moverlas, cambiar su tamaño, darles efectos y decidir cómo se acomoda el texto alrededor de ellas.

En esta unidad aprenderás paso a paso cómo insertar, modificar y usar tablas e imágenes para que tus documentos se vean más organizados, completos y profesionales.

Vamos a introducirnos en los siguientes conceptos siguiendo el ejemplo de David, ya que va a tener que utilizar las tablas y las imágenes en su documento para elaborar su tesis.

2. ¿Qué es una tabla?

 HILO CONDUCTOR

David, nuestro alumno de posgrado, sigue dando forma a su tesis. Para ello, tiene que insertar los resultados de los ensayos de su proyecto. Ahora, va a necesitar insertar una tabla con su procesador de textos Word en su documento.

Una tabla es una herramienta que nos permite organizar información en filas y columnas, formando una cuadrícula de celdas. Cada celda puede contener texto, números o incluso imágenes. Se utiliza para que los datos estén ordenados y sean fáciles de leer, en lugar de presentarlos en un párrafo largo.

 **EJEMPLO**

Los posibles usos de tablas pueden ser:

- Un horario escolar
- Una lista de precios
- Un calendario de actividades
- Una comparación de datos

2.1. Crear una tabla

Bien, ahora que ya sabemos para qué sirven las tablas, vamos a crear una. Para crear una tabla, tenemos que posicionarnos en el sitio del documento donde queremos insertar nuestra tabla y, una vez posicionados, tenemos que ir al menú **Insertar**.

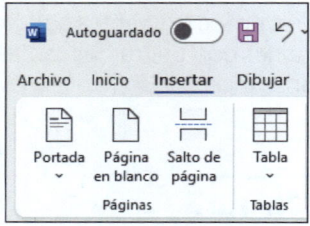

Menú Insertar

Si clicamos en **Insertar,** justo debajo nos aparecerá el submenú con la opción de **Tabla.**

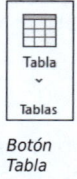

Botón Tabla

Si clicamos en el botón **Tabla,** se abrirá un desplegable con las distintas opciones de configuración, donde podemos insertar tablas en nuestro documento de Word.

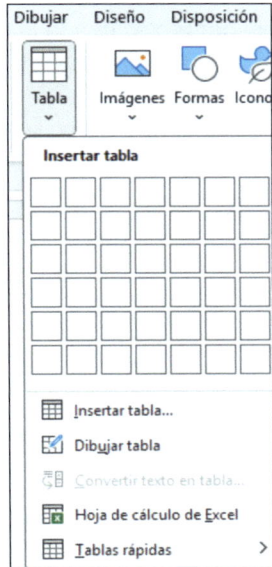

Interfaz Tabla

En la parte superior del menú **Tabla,** aparecen unas cuadrículas de celdas. Si nos posicionamos encima de ellas con el ratón, podemos ver cómo, al seleccionarlas, cambian de color. Estas cuadrículas de celdas son una matriz de columnas y filas, es decir, podemos seleccionar cuantas filas y columnas queramos que tenga nuestra tabla de una forma rápida.

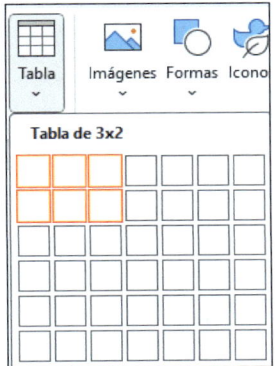

*Selección de 3 columnas
por 2 filas*

También podemos insertar tablas desde las otras opciones del menú inferior de **Tabla.** Veamos para qué sirve cada una de las opciones.

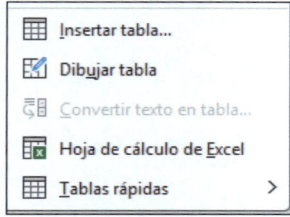

Menú inferior Tabla

Ahora vamos a ver en detalle las distintas opciones:

- ➲ **Insertar tabla.** Si clicas en esta opción, te saldrá un cuadro en el que puedes elegir el número de filas y columnas que quieres insertar en el documento.

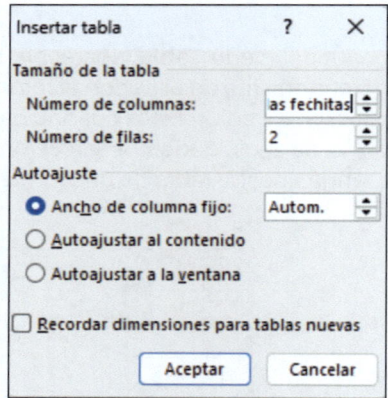

Cuadro Insertar tabla

- ➲ **Dibujar tabla.** Con esta opción, podrás dibujar la tabla directamente en el documento, añadiendo el número de filas y columnas que desees.
- ➲ **Hoja de cálculo Excel.** Si seleccionas esta opción, incluirás en tu documento Word una hoja de Excel.
- ➲ **Tablas rápidas.** Si seleccionas esta opción, se abrirá un desplegable a la derecha con las distintas opciones de tablas prediseñadas por el procesador de textos Word.

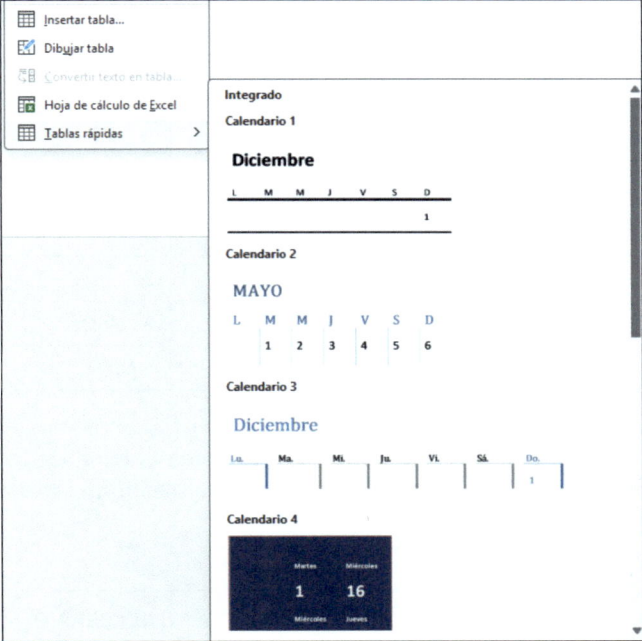

Cuadro Tablas rápidas

2.2. Modificar una tabla

Una vez que hemos insertado la tabla, tenemos que incluir los datos en ella, o bien, si ya los hemos metido y queremos modificar algún dato, tenemos que posicionarnos encima de la celda que queremos añadir o modificar y editarla. Para ello, vamos a usar una tabla predefinida por Word.

Ahora vamos a incluir una tabla predefinida del menú **Tablas rápidas.** En esta tabla podemos ver que, al insertarla en nuestro documento, nos aparece un listado de elementos (libros, revistas, etc.) y el número necesario de cada elemento. En este caso, nuestra tabla contiene 2 columnas y 9 filas.

ELEMENTO	NECESARIO
Libros	1
Revistas	3

Continúa en página siguiente >>

<< Viene de página anterior

ELEMENTO	NECESARIO
Blocs de notas	1
Carpetas de papel	1
Plumas	3
Lápices	2
Marcador de resaltado	2 colores
Tijeras	1 par

Para modificar los datos, nos posicionamos encima de la celda que queremos cambiar y la editamos. Para que se distingan los cambios, los voy a poner en color rojo.

ELEMENTO	NECESARIO
Libros	1
Revistas	5
Blocs de notas	1
Carpetas de papel	1
Plumas finas	3
Lápices	11
Marcador de resaltado	2 colores
Tijeras	1 par

2.3. Herramientas de tabla

Ahora vamos a crear una tabla desde cero. Para ello, clicamos en el menú **Insertar**. Clicamos en **Tabla** y seleccionamos una tabla de 2 filas por 2 columnas.

 **EJEMPLO**

A continuación, puedes ver una tabla de 2 x 2 sin editar:

Sin embargo, queremos añadir una fila más. Para ello, nos situamos dentro de la celda donde queremos añadir la fila o la columna y clicamos en el menú superior **Disposición de tabla.**

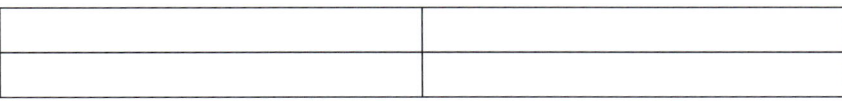

Menú Disposición de tabla

Una vez que hemos clicado en el menú **Disposición de tabla,** nos aparecerá, debajo, el submenú con las distintas opciones.

Submenú del menú Disposición de tabla

Veamos para qué sirven estas opciones:

⮞ **Insertar columna/fila.** Con esta opción, puedes insertar en la tabla ya creada una columna a la derecha o a la izquierda, insertar filas encima o debajo, o puedes insertar celdas clicando en la flechita inferior.

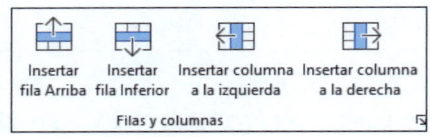

Submenú Filas y columnas del menú Disposición de tabla

➲ **Eliminar celdas.** Con esta opción, puedes desplazar las celdas hacia la izquierda o hacia arriba; también puedes eliminar toda la fila o la columna. Al clicar, te aparecerá un cuadro donde debes seleccionar la opción que prefieras.

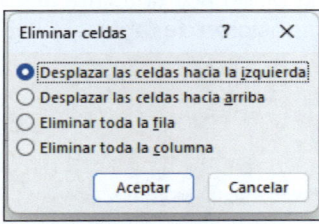

Cuadro Eliminar celdas

➲ **Dividir celdas.** Con esta opción puedes dividir una celda. Al clicar, te aparecerá un cuadro en el que hay que seleccionar el número de columnas y filas en las que quieres que se divida la tabla.

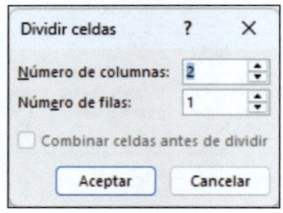

Cuadro Dividir celdas

➲ **Dividir tabla.** Con esta opción, la tabla se dividirá en dos, y quedarán dos tablas separadas.
➲ **Combinar celda.** Esta opción une dos, tres, cuatro... celdas en una sola celda. Para ello, primero debes tener seleccionadas las celdas que quieres unir.

Ahora que ya conocemos las distintas herramientas, vamos a incluir una fila más a nuestra tabla de 2 filas y 2 columnas.

 **EJEMPLO**

Nuestra tabla ahora es de 2 x 3. Quedaría así.

- -

También podemos darle estilo a nuestra tabla. Para ello, tenemos que posicionarnos dentro de la tabla y clicar dentro de ella. Nos aparecerá, en el menú superior, la opción de **Diseño de tabla.**

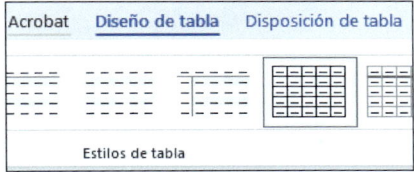

Submenú de Diseño de tabla

Si clicamos encima, se nos abrirá un submenú con los distintos diseños. Para ver más diseños predefinidos, clicamos en la flechita inferior y se abrirá un cuadro con todos.

Flecha del submenú Diseño de tabla

Ahora solo tenemos que seleccionar el que más se adapte a nuestras necesidades.

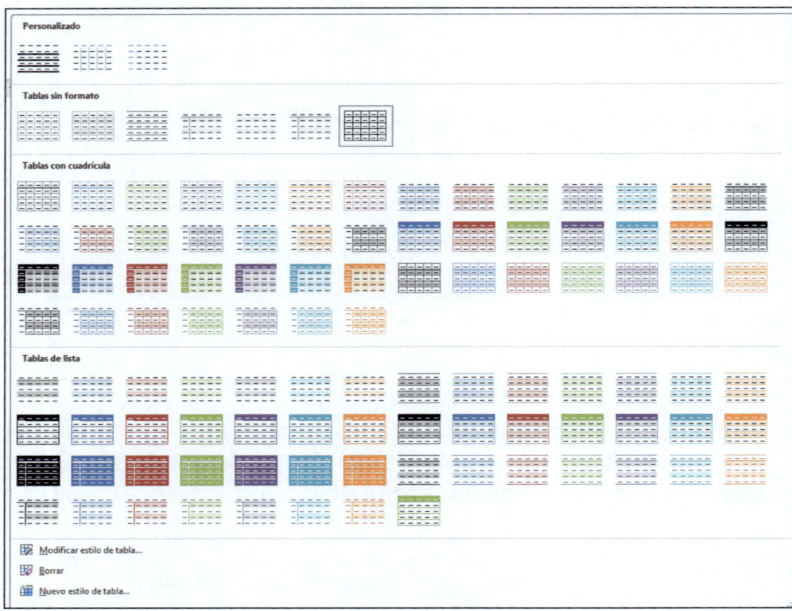

Submenú de Diseños predefinidos

Para borrar una tabla entera, tenemos que posicionarnos encima de la tabla y clicar. Después, vamos al menú superior **Diseño de tabla** y clicamos en la flechita para que se abra el desplegable con los distintos diseños de tablas, según hemos visto anteriormente. Justo debajo de los diseños, tenemos la opción de **Borrar** y, si clicamos ahí, se eliminará toda la tabla.

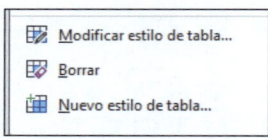

Submenú de Diseños de tabla

 **RECUERDA**

El menú superior **Diseño de tabla** y **Disposición de tabla** solo aparece cuando te has posicionado con el ratón dentro de una tabla y has clicado en alguna de sus celdas. Si no haces esto antes, los dos menús no aparecerán en el menú superior de Word.

ACTIVIDAD COMPLEMENTARIA

6. Imagina que estás elaborando un informe o presentación en Word y necesitas organizar datos y complementar el contenido con imágenes. Para ello, responde las siguientes cuestiones:

   a. ¿Cómo crearías una tabla desde cero y qué tipo de información organizarías en ella?
   b. ¿Qué herramientas o funciones de Word usarías para modificar y dar formato a la tabla?
   c. ¿Qué tipo de imágenes insertarías en tu documento?
   d. ¿Qué formatos o estilos aplicarías a las imágenes para que se integren bien con el contenido?

3. Insertar imágenes

 HILO CONDUCTOR

David se dispone a insertar imágenes y formas en su proyecto de tesis. Para ello, tendrá que usar las herramientas de las que dispone el procesador de textos Word, ya que con las imágenes podrá hacer que su documento se vea más llamativo e interesante.

Si queremos insertar una imagen, tenemos que ir al menú superior **Insertar.**

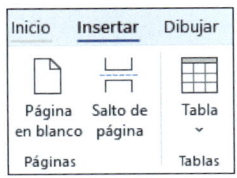

Menú Insertar

Si clicamos en el menú **Insertar,** debajo nos aparecerá un submenú con las opciones de imágenes.

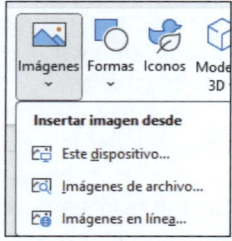

Veamos las distintas opciones:

➲ **Este dispositivo.** Si clicas en esta opción, se abrirá un cuadro para que selecciones una imagen que tengas guardada en tu ordenador. Tienes que buscarla y clicar en **Insertar;** de esta forma, la imagen aparecerá en tu documento.

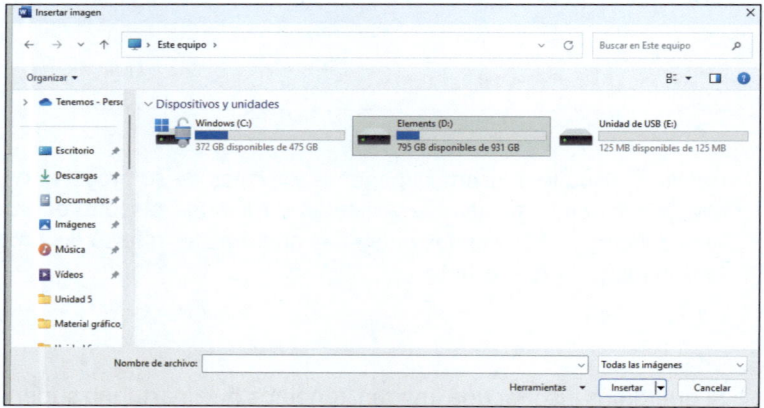

Cuadro Insertar imagen

➲ **Imágenes de archivo.** Si clicas en esta opción, se abrirá un cuadro con imágenes predefinidas por Word; puedes elegir la que más se adapte a tus necesidades y clicar en **Insertar.** La imagen aparecerá en tu documento. También dispone de un buscador de imágenes.

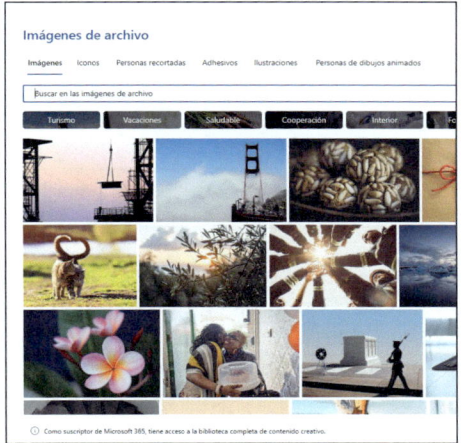

Cuadro Imágenes de archivo

➲ **Imágenes en línea.** Si clicas en esta opción, se abrirá un cuadro con imágenes en línea; puedes elegir la que más se adapte a tus necesidades y clicar en **Insertar.** La imagen aparecerá en tu documento. También dispone de un buscador de imágenes en línea de internet.

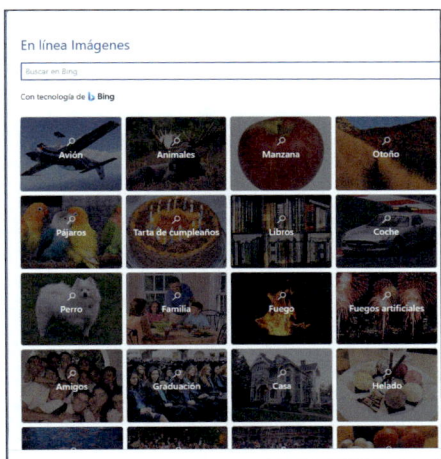

Cuadro Imágenes en línea

3.1. Insertar formas

Si queremos insertar una forma, tenemos que ir al menú superior **Insertar.**

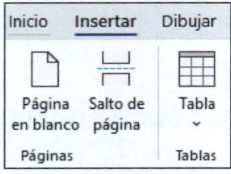

Menú Insertar

Si clicamos en el menú **Insertar,** debajo nos aparecerá un submenú con las opciones de formas. Podemos elegir entre líneas, formas redondas, rectángulos, flechas, etc. Solo tenemos que posicionarnos encima y clicar sobre la forma que queremos insertar y aparecerá en nuestro documento.

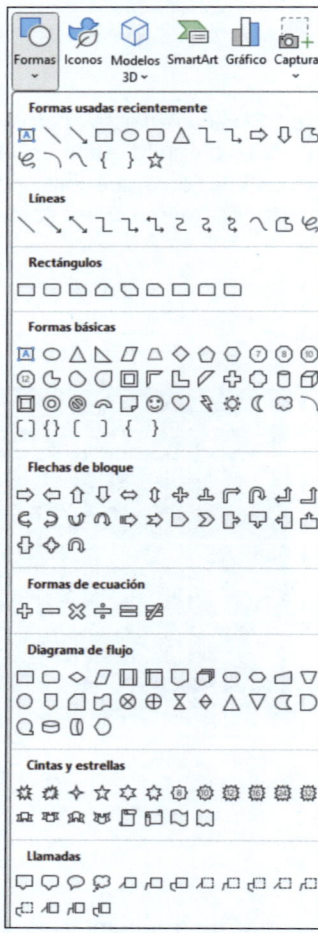

Menú Formas

Una vez que hemos seleccionado la forma que queremos insertar en nuestro documento, tenemos que posicionarnos en la parte del documento donde queremos insertarla y, clicando el botón derecho del ratón y sin soltarlo, arrastramos el ratón por el documento y aparecerá la forma.

Si queremos cambiar de posición la forma, tenemos que posicionarnos con el ratón encima de ella y clicar y, sin soltar el ratón, moverla al sitio donde queremos situarla.

También podemos escribir dentro de la forma. Para ello, nos posicionamos encima y clicamos dentro de la forma; nos aparecerá el cursor, y ahora podemos escribir dentro.

 VÍDEO

En el siguiente vídeo puedes ver un ejemplo de cómo insertar y editar una forma en nuestro documento Word.

https://redirectoronline.com/wordbasico0601

Para cambiar nuestra forma, tenemos que ir al menú superior **Formato de forma.** Para ello, insertamos una forma y nos posicionamos encima, haciendo clic dentro de ella; de esta manera, aparecerá el menú superior **Formato de forma.**

Menú Formato de forma

Si clicamos encima de **Formato de forma,** nos aparecerá un submenú con las distintas opciones de color y formato de la forma.

Veámoslas en detalle:

⊃ **Editar forma.** Si clicas en esta opción, te aparecerá un desplegable en el que puedes cambiar la forma, o bien editarla. Podrás cambiar la forma modificando su estado original y adaptarla a tu gusto.

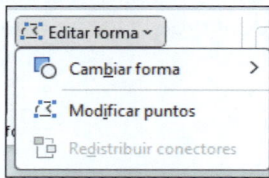

Submenú Editar formas

⊃ **Relleno de la forma.** Si clicas en esta opción, te aparecerá un desplegable con la paleta de colores y podrás cambiar el color de la forma.

Submenú de Relleno de la forma

⊃ **Contorno de la forma.** Si clicas en esta opción, te aparecerá un desplegable con la paleta de colores y podrás cambiar el color del contorno de la forma.

Submenú de Contorno de la forma

⊃ **Efectos de la forma.** Si clicas en esta opción, se te abrirá un desplegable con los distintos efectos que le puedes aplicar a la forma: sombra, iluminado, giros 3D, etc.

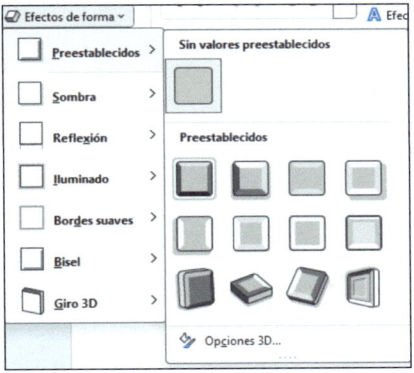

Submenú de Efectos de la forma

- ⊃ **Tamaño de la forma.** Esta opción muestra el tamaño de la forma actual, el ancho y el alto. Para cambiarlo, solo tienes que clicar en las flechitas.

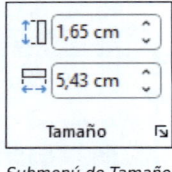

Submenú de Tamaño de la forma

Como ya hemos visto, también podemos escribir textos dentro de las formas. Y también podemos cambiar el color del texto. Para ello, tenemos que ir al menú superior **Formato de forma.**

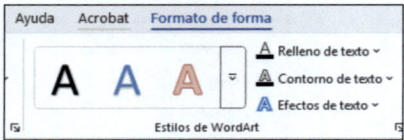

Menú Formato de forma

Si clicamos encima de **Formato de forma,** nos aparecerá el submenú **Estilos de WordArt** con las distintas opciones de color y forma del texto.

Veámoslas en detalle:

- ⊃ **Diseño del texto.** Si clicamos en la flechita del submenú **Estilos de WordArt,** nos aparece un desplegable con todos los formatos de letras que puedes seleccionar.

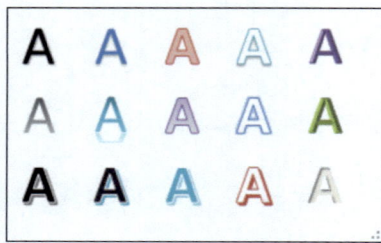

Menú Diseño del texto

⊃ **Relleno del texto.** Si clicas en esta opción, te aparece la paleta de colores con la que puedes cambiar el color del relleno del texto.

Submenú de Relleno de texto

⊃ **Contorno del texto.** Si clicas en esta opción, te aparece la paleta de colores con la que puedes cambiar el color del contorno del texto.

Submenú de Contorno de texto

⊃ **Efectos del texto.** Si clicas en esta opción, se te abrirá un desplegable con los distintos efectos que le puedes aplicar al texto: sombra, iluminado, giros 3D, etc.

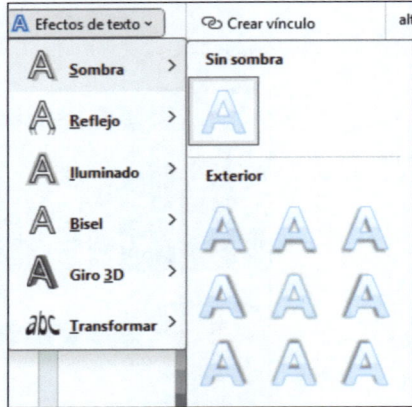

Submenú de Efectos del texto

 RECUERDA

Para que aparezca el submenú **Estilos de WordArt,** nuestra forma tiene que contener texto; si no hay nada escrito dentro de la forma, el submenú no aparecerá.

- -

TAREA 5

David está terminando su tesis y necesita organizar sus resultados y presentar imágenes que acompañen su explicación. Te pide ayuda para mejorar la presentación de su documento en Word.

Tu tarea es ayudarle a organizar su documento. Para ello, tienes que seguir los siguientes pasos:

1. Abre un documento nuevo en Word.

Continúa en página siguiente >>

<< Viene de página anterior

2. Crea una tabla de 4 columnas y 5 filas para organizar los resultados de ensayos de laboratorio de David.
3. Encabezados de la tabla: "Ensayo", "Fecha", "Resultado", "Observaciones".
4. Completa la tabla con datos inventados (por ejemplo: "Ensayo 1, 10/05/2024, 5.6, Aprobado").
5. Cambia el estilo de la tabla a uno de los prediseñados de Word.
6. Inserta una imagen (puede ser descargada o de archivo personal) que represente un gráfico o un equipo de laboratorio.
7. Inserta una flecha que apunte hacia la tabla creada en la Parte 1.
8. Escribe dentro de la flecha el texto: "Resultados principales".

4. Resumen

Podemos mejorar nuestros documentos de Word utilizando tablas, imágenes y formas, herramientas muy útiles para organizar la información y hacerla más atractiva. Podemos insertar, editar y dar formato tanto a las tablas como a las imágenes, e incluir formas editables en Word para organizar mejor los contenidos y mejorar la presentación de los documentos.

Vamos a ver la utilidad de las tablas en Word:

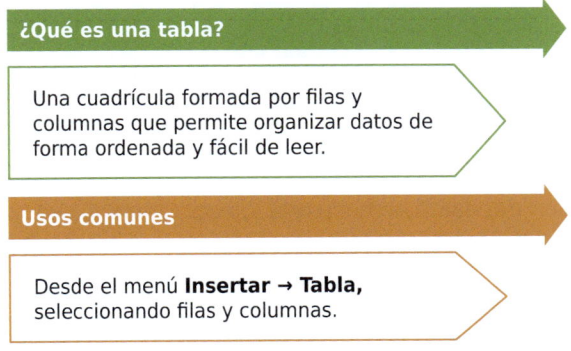

¿Qué es una tabla?

Una cuadrícula formada por filas y columnas que permite organizar datos de forma ordenada y fácil de leer.

Usos comunes

Desde el menú **Insertar → Tabla,** seleccionando filas y columnas.

Continúa en página siguiente >>

<< Viene de página anterior

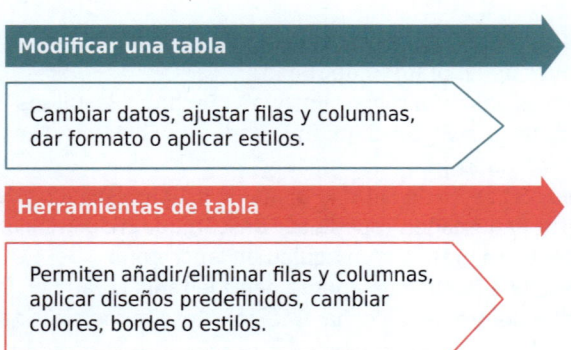

Vamos a ver la utilidad de las imágenes y de las formas en Word:

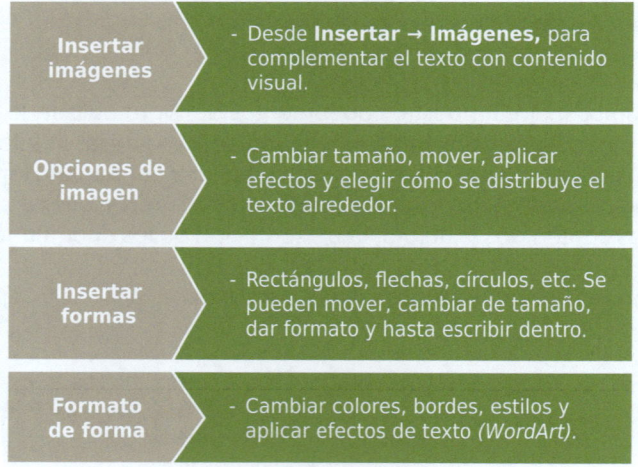

El uso de tablas e imágenes en Word no solo facilita la organización de los datos, sino que también hace que los documentos sean más claros, atractivos y profesionales.

Ejercicios de autoevaluación
Unidad de Aprendizaje 6

1. ¿Qué es una tabla en Word?

a. Un gráfico para representar datos
b. Una cuadrícula formada por filas y columnas para organizar información
c. Una imagen insertada en el documento
d. Una lista con viñetas

2. ¿Para qué sirve una tabla en Word?

a. Solo para decorar el documento.
b. Para insertar imágenes dentro de un texto.
c. Para organizar y presentar información de manera clara y ordenada.
d. Para cambiar el tipo de letra.

3. ¿Dónde encontramos la opción para insertar una tabla en Word?

a. En el menú Formato
b. En el menú Diseño de tabla
c. En el menú Insertar
d. En el menú Inicio

4. ¿Qué permite hacer el menú Disposición de tabla?

a. Insertar imágenes y gráficos.
b. Añadir o eliminar filas y columnas, y ajustar el tamaño de la tabla.
c. Cambiar el tipo de letra dentro de la tabla.
d. Insertar notas al pie de página.

5. ¿Qué opción de Word permite cambiar el color y el estilo de una tabla?

a. Insertar → Imágenes
b. Diseño de tabla
c. Opciones avanzadas
d. Revisar

Glosario

Archivo
Documento digital creado en Word que puede contener texto, imágenes, tablas, etc.

Autocorrección
Función que corrige automáticamente errores ortográficos o gramaticales mientras se escribe.

Buscar y reemplazar
Herramienta que permite localizar palabras o frases y sustituirlas por otras en todo el documento.

Columnas
División vertical del texto en secciones; útil para boletines, folletos o artículos.

Combinar celdas
Acción que une dos o más celdas en una tabla para formar una sola.

Control de cambios
Función que registra todas las modificaciones realizadas en un documento; útil para la revisión colaborativa.

Copiar/cortar/pegar
Herramientas para duplicar, mover o insertar contenido en el documento.

Diseño de tabla
Conjunto de estilos visuales aplicables a una tabla para mejorar su presentación.

Disposición de tabla
Herramientas para insertar, eliminar, dividir o combinar filas y columnas en una tabla.

Encabezado/pie de página
ÁReas en la parte superior e inferior del documento, respectivamente, donde se puede insertar información como el título, el autor o el número de página.

Estilos de texto
Formatos (como negrita, cursiva, subrayado, tamaño y color) aplicables al texto.

Formato de forma
Opciones para modificar el aspecto de una forma (color, contorno, efectos, tamaño).

Formato de párrafo
Configuración de alineación, sangría, interlineado y espaciado entre párrafos.

Fuente
Tipo de letra utilizada en el documento (p. ej. Arial o Times New Roman).

Guardar/guardar como
Opciones para almacenar el documento en el ordenador, con posibilidad de elegir ubicación y formato.

Imagen
Elemento visual que complementa el contenido textual del documento.

Impresión
Proceso de transferir el contenido del documento a papel o a formato PDF.

Insertar tabla
Acción de añadir una tabla al documento desde el menú **Insertar.**

Insertar forma
Acción de añadir elementos gráficos (como flechas, rectángulos o círculos) al documento.

Insertar imagen
Acción de incorporar imágenes desde el dispositivo, desde el archivo o en línea.

Márgenes
Espacios alrededor del texto que mejoran la legibilidad y permiten la encuadernación.

Notas al pie/finales
Comentarios o referencias ubicadas al final de la página o del documento.

Numeración de páginas
Inserción automática de paginación en el documento.

Panel de selección
Herramienta para visualizar y organizar los objetos del documento.

Plantillas
Diseños predefinidos que facilitan la creación de documentos con estructura profesional.

Propiedades de impresora
Ajustes de impresión, como orientación vertical/horizontal, calidad, tipo de papel, etc.

Redacción
Proceso de escribir contenido textual en el documento.

Revisión ortográfica y gramatical
Herramientas para detectar y corregir errores lingüísticos.

Saltos de página/sección
Herramientas para dividir el contenido en páginas o secciones independientes.

Seleccionar
Acción de marcar texto u objetos para aplicar cambios.

Sinónimos
Palabras alternativas que enriquecen el vocabulario del documento.

Tabla
Estructura de filas y columnas para organizar datos de forma clara y ordenada.

Traductor
Herramienta que permite traducir texto entre distintos idiomas.

Vista preliminar
Muestra cómo quedará el documento antes de imprimir.

Vistas del documento
Modos de visualización, como lectura, diseño de impresión, esquema, borrador.

Viñetas y numeración
Herramientas para organizar listas con símbolos, números o letras.

WordArt
Estilos decorativos aplicables al texto dentro de formas.

Bibliografía

Monografías

→ CUEVAS Burgos, D.: *Word de cero a experto: Todas las herramientas usadas por un experto en su día a día.* Madrid: Independently Published, 2021.

> Este libro ofrece una guía progresiva para aprender Word desde cero, sin centrarse en versiones concretas. Explica cómo crear documentos, aplicar formato, insertar elementos visuales y utilizar herramientas de revisión. Su enfoque práctico lo hace ideal para formación básica y media.

→ VELA Torres: *Word para oposiciones.* Madrid: Independently Published, 2021.

> Manual orientado a opositores en España, con explicaciones claras sobre las funciones esenciales de Word. Incluye ejercicios prácticos, capturas de pantalla y simulacros de examen. No se vincula a una versión específica del programa.

Textos electrónicos

→ Agregar citas en un documento de Word, Soporte técnico de *Microsoft España*, de:
<https://support.microsoft.com/es-es/office/agregar-citas-en-un-documento-de-word-ab9322bb-a8d3-47f4-80c8-63c06779f127>.

> Explica cómo insertar citas y bibliografía en Word sin necesidad de versiones específicas. Incluye estilos como APA, MLA y Chicago, y detalla el uso del administrador de fuentes.

→ Cómo hacer una bibliografía en Word paso a paso, tesis y **másters**, de:
<https://tesisymasters.es/bibliografia-en-word>.

> Guía clara y detallada para insertar citas y bibliografía en Word. Incluye instrucciones paso a paso para crear fuentes, insertar citas y generar bibliografía automáticamente.

→ Guía de Word básico, de:
<https://www.us.es/sites/default/files/Guia_Word_Basico.pdf>.

Este documento explica de forma clara y visual cómo crear, guardar y editar documentos en Word. Incluye instrucciones sobre formato de texto, párrafos, listas, encabezados, tablas e impresión. Pensado para estudiantes y personal administrativo.

→ Manual de Word para principiantes, de:
<https://web.ua.es/es/recursos/manuales/word-principiantes.pdf>.

Guía práctica que introduce las funciones básicas de Word. Explica cómo trabajar con documentos, aplicar estilos, insertar imágenes y utilizar herramientas de revisión. Incluye ejemplos y ejercicios para practicar.